guide

# 目　录

我们今天为什么需要导读书？　/iii

丛书编者前言　/ix

致　谢　/xiii

书（篇）名缩写　/xv

1　为什么是德里达？　/1

2　关键思想　/15

3　解构大地震　/23

4　拥抱自由吧　/35

5　增补　/55

6　文本　/73

7　延异　/83

8　世上最有趣的事情　/99

9　怪物　/121

10　秘密生活　/141

11　诗之断裂　/155

12　德里达之后　/173

进阶阅读书目　/187

参考文献　/209

通用索引　/215

德里达作品索引　/229

雅克·德里达思想源流简图　/235

译后记　/236

# 我们今天为什么需要导读书？

这批来自“劳特利奇批判思想家”（Routledge Critical Thinkers）系列的小书，构成了“思想家和思想导读”丛书的基石。早在丛书策划之初，我们就在豆瓣那个“藏龙卧虎”之地结识了一群志同道合的朋友。我们之间的对话从一个提问开始——“我们今天为什么需要导读书？”

> 我们今天对西学的译介，依然有一些是盲目跟进式的译介，而缺乏系统、深入的相关性研究。[1]

面对有识之士发出的这句尖锐批评，我们试图借助这一发问所引发的一系列思考，探寻专业性导读对于中国学界，特别是初入门者，意味着什么。呈现在我们面前的这套译作，是加入这次“探寻之旅”的朋友们，用他们的精彩译笔所作的回应。然而，在文本之外，一些智慧之果还散落在他们的言说之中，需要显现。

---

1　王晓路.序论：词语背后的思想轨迹[M]//王晓路，等.文化批评关键词研究.北京：北京大学出版社，2007：5.

**豆瓣 id:フ**

“地图书”(将导读书视为探索思想的地图。)这个说法很不错,和弗雷德里克·詹姆逊(Fredric Jameson)的认知地图(cognitive mapping)有异曲同工之妙。

如果让我来定位入门书的意义的话,我会借用詹姆逊提出的另一个概念,即消逝的中介(vanishing mediator)。在一个辩证扬弃的过程中,一个“消逝的中介”发挥这样的作用:它施力于前一个状态从而引导出后一个状态,这个过程完成的同时它即消逝。

如果把入门书比作一个“消逝的中介”的话,它不怕当初的读者回过头来觉得它有种种缺陷和不足,因为这恰恰是它所想要达成的。如果一套入门书能发挥这样一个作用,我觉得它的编撰者就应该没有遗憾了。

**豆瓣 id:剧旁**

**(李三达,湖南大学文学院讲师)**

目前,很多中国学生读书进入了误区,就是认为读原典才是正道,解读的书一概不读,生怕这些人家咀嚼过的内容会影响他们对原典的认知。这真是再荒谬不过了,而我导师一再强调要规避这种误区,不要总摆出一副不世奇才的心态,别人苦心经营的研究成果只能是明灯,与原典相辅相成,待到你学力足够方知深浅和漏洞,彼时再别出心裁不迟。我深以为然。

**豆瓣 id:坏卡超**

二手文献或导读性文献确实很有必要。并且也应该重视英语世界的二手文献。尽管英语世界不是欧陆哲学的发源地,但英语作者一般都会比较注重用清晰易懂的语言来解释深邃的道理。

**豆瓣 id:近视眼女郎**

**(路程,复旦大学中文系博士研究生,《导读阿多诺》译者)**

我个人以为,无论从学术还是知识普及的角度来说,系统引进导读类的书都是多多益善的。当我想了解某位思想家,首先会做的,也是去寻找一些靠谱的导读书来看。

**豆瓣 id:年方十八发如雪**

国内许多入门级、导论级著作,往往都是引了过多的原文,而非对文本本身的解读。换言之,本来是要作者来解释文本,结果成了作者从原著中摘了几句话,让读者自行领会。或者直接就是由作者的一些论文拼凑出来。这样的后果自然是让初学者一头雾水,完全起不到导论的功能。

相比而言,Critical Thinkers 这套书的一个优点就是由作者带领读者读文本,其次就是每本书后面的文献相对来说都比较齐全,有助于进一步的研究,最后是该系列的很多思想家都是国内很少涉及的,比如阿甘本等,引进来也有开拓作用。总之,老少咸宜。

**豆瓣 id:Igitur**

**(于长恺,爱好阅读法国当代哲学书籍)**

毕竟从原著开始着手,需要忍受其本身的拧巴语言风格,西式的语法结构,不同的文化背景、语境。能够有可靠、系统的介绍文本为后续的阅读指引道路,可以节省许多绕弯路的时间,减少初学者的挫折感,增强学习兴趣。

**豆瓣 id:H.弗**

**(卢毅,复旦大学哲学学院)**

这些著作就成了维特根斯坦所说的"梯子",特别是初学者在很大程度上需要借助它们来对某位思想家基本的思想观点先有个大致的把握和了解,这样,一方面可以帮助人们铺平一些道路、消除一些畏难心理,另一方面可以作为一个引子更好地激发起人们的学习兴趣而不只是无助感与挫败感。

**豆瓣 id:Gawiel**

**(马景超,美国维拉诺瓦大学[Villanova University]哲学系博士在读,《导读波伏瓦》译者)**

我以前在国内读书的时候,也经常感到这样的不便,尽管黑格尔、康德和海德格尔等寥寥几位有一些不错的入手读物,但是大部分人还是缺乏类似的读物来引荐。我也非常希望能够通过"地图书"来改变大家的读法,否则,对于很多学科和很多学者都只是停留在泛泛了解一点的程度上,很难进行有建设性的学术研究。比如,人人都知道福柯谈"权力",然而什么是权力,则需要深入阅读福柯的几本作品,并且能够将不同作品里面的理念联系起来,才能有所了解,否则只是在用我们日常语言中的"权力"去套用福柯的牙慧。如果没有导读性质的作品,读者(尤其是本来就没有精读压力的人)就很容易停留在套用牙慧这个地方,而对于真正有意思的书望而却步。

还有像巴特勒(Butler)这样的作家,作品中有一些话看上去很有力("性别是一种操演"),但是理解前后文就需要知识背景("主体由操演建构")了。那么,如果没有导读类的书,一般读者很容易就理解为:一个人可以自由决定自己扮演男性还是女性,而这恰恰是巴特勒(作为反人文主义[anti-humanism]传统的继承)最不可能持有的观点,她想说的恰恰是自我的形成过程中,性别作为一种操演已经参与了这一形成,因此没有性别之外、语言之外的"无性别”、“前性别”的主体。

这些都是我常见到的误解，我觉得也许导读类书的引介可以改变这种“好读书不求甚解”的现状，尤其是对于并非哲学专业，但是需要运用到哲学理论的人，导读类的书更可以起到介绍理论背景和避免断章取义的作用。

**豆瓣 id：迷迭香**

**（李素军，中国社会科学院文学所博士研究生）**

作为一个理论专业的学生，我深知直接读原著的个中艰辛。理论难读的原因之一是翻译，抛却误译等人为因素，西方思想转换到中文语境里所带来的语言的晦涩也是一个很大的问题；其二，每个思想家都有自己的理论语境，他在继承什么，反对什么都不是短时间内可以看明白的，换言之，我们得摸清楚他的理论轨迹。

**豆瓣 id：霍拉旭的复仇**

**（汪海，中国人民大学文学院讲师）**

从学生过来的我，也经历过一个阶段，听到很多老师强调直接阅读原典，生怕受二手资料的影响。但实际上，若没有一个导读的阶段做宏观把握，直接读原典的结果就是不知所云，看了就忘。

我个人从来不相信“白板说”，以为学生在不读二手书之前是纯洁的、不受污染的、具有反思力的“白板”。没有大量的阅读，根本培养不出反思力，导读是必需的，最好是有多重不同看法和角度的导读。

极其要不得的是对原典的态度——面对“名著”没有一颗平常心：或者极其功利地想要推翻它，从而证明自己的高明；或者直接拜倒，因为它是“典”，是权威。好的读书方法就是培养好的民主政治素质，要学会听不同的意见，“名著”之所以是名著，不是因为它是“典”，是权威（虽然它有权威性），而在于它是一个伟大的空间，容得下太多的探讨、太多的声音，不断激发更多的思考、更多的创造，所以才有那么多人前赴后继地走进来。

导读不妨把它看作是一个邀请、一个好客的举动，带我们进入原著的空间，而不是助教，不是训导，不是“原著”这个白胡子老头打算教训弟子之前的开场白或者清清嗓子。

导读也是前人外出探险之后留下来的攻略，不可能事事准确、面面俱到，它邀请你历险，最后写出自己的攻略。

前面说过，我不相信白板——没有单纯的读者。没有导读的读者，他会用从前未经反思的有限阅读经验当导读。如果他自以为此前完全没有受过二手思想的影响，他反而缺乏对自我的反省和批判。

# 丛书编者前言[1]



本丛书提供对影响文学研究和人文学科的主要批判思想家的介绍。当在研究中遇到一个新的名字或概念时，本丛书中的某本可以成为你阅读的首选著作。

丛书收录的每一本著作都将通过解释一位重要思想家的核心观念，把这些观念置入语境并且——也许，最重要的是——向你展示为什么这位思想家被认为是重要的，来帮助你进入她或他的原始文本。这是一套不需要专门知识的简明、清晰的导读系列。尽管聚焦于特定的人物，本丛书也强调，没有一位批判思想家是在真空中存在的。相反，这样的思想家是从更广泛的智识的、文化的和社会的历史中出现的。最后，这些著作将在你和思想家之间搭建一座桥梁：不是取代原文，而是补充她或他的作品。

编写和出版这些著作是非常必要的。在 1997 年出版的自传《无题》（*Not Entitled*）中，文学批评家弗兰克·克默德（Frank Kermode）描写了发生在 20 世纪 60 年代的这样一段时间：

---

1　本前言由《导读阿伦特》译者王立秋（豆瓣 id：Levis）翻译。——编者注

> 在美丽的夏日草地上，年轻人整夜地躺在一起，从白天的
> 劳顿中恢复过来，聆听着巴厘音乐家的巡回演出。在毛毯和
> 睡袋下，他们懒洋洋地谈论着当时的大师们……他们重复的
> viii 大多是传闻；因此我在午休时，非常即兴地提议，做一套简短、
> 廉价的丛书，提供对这些人物的权威而易懂的导读。

对“权威而易懂的导读”的需要依然存在。但本丛书反映的却是一个不同于20世纪60年代的世界。随着新的研究的发展，新的思想家出现了，而其他思想家的声誉则盛衰不一。新的方法论和挑战性的观念在艺术和人文学科中传播开来。文学研究不再——倘若它从前如此的话——仅仅是对诗歌、小说和戏剧的研究与评价。它也是对在一切文学文本和对这些文本的阐释中出现的观念、问题和疑难的研究。别的艺术和人文学科也发生了类似的变化。

新的问题也随之出现。在人文学科的这些剧变背后的观念和问题，经常被不以更广泛的语境为参照地呈现出来，或被呈现为你可以简单地“加”在你阅读的文本上的理论。当然，有选择地挑出某些观念，或使用手头现成的东西并没有什么错，而且确实有一些思想家认为事实上我们能做的就是这些。然而，有时人们会忘记，每一个新观念都是出自于某个人的思想的底样及其发展，而研究他们的观念的范围和语境是重要的。与“浮于空中的”理论相反，本丛书贯之始终的是把这些重要思想家和他们的观念放回它们原本的语境中去。

不仅如此，本丛书收录的著作还反映了回归思想家自己的文本和观念的需要。一切对某个观念的阐释，甚至是看起来最为单纯的阐释，也会或隐或现地给出它自己的“有倾向性的陈述(spin)”。只阅读论述某位思想家的著作，而不读该位思想家的文

本，就是不给你自己做决定的机会。有时，使一位重要人物的作品难以进入的，与其说是它的风格或内容，不如说是（读者）不知道从哪里开始的那种感觉。本丛书的目的，就是通过为这些思想家的观念和著作提供一个容易理解的概述，通过引导你从每位思想家自己的文本开始进行进一步的阅读，来给你一个“入口”。用哲学家路德维希·维特根斯坦（1889—1951）的比喻来说，这些书是梯子，是在你爬到下一层楼后要扔掉的东西。因此，它们不仅帮助你进入新的观念，也会通过把你领回理论家自己的文本，并鼓励你发展你自己的有依据的意见，来给你力量。

最后，这些书之所以是必要的，是因为，就像智识的需要已经 ix
发生变化那样，全世界的教育系统——通常导读就是在这个语境中被阅读的——也发生了根本的变化。适合 20 世纪 60 年代的精英型高等教育系统的东西，不再适合 21 世纪更大、更广、更多样的高科技教育系统了。这些变化不仅要求新的、与时俱进的导读，也要求新的介绍方法。本丛书的介绍方式，就是着眼于今天的学生而发展出来的。

丛书收录的每本书都有类似的结构。它们一开始的部分，都提供对每位思想家的生平和观念的概述，并解释为什么她或他重要。每本书的核心部分，都讨论了该思想家的核心观念，这些观念的语境、演化和接受（情况）。每本书也都以对该思想家之影响的审视——概述他们的观念如何被其他思想家接纳和阐发——作结。此外，每本书的书末，都附有一个建议和描述进阶阅读书目的部分。这不是一个“附加的”内容，而是全书不可或缺的组成。在这个部分的第一部分，你会发现对书中所涉及思想家的核心著作的简述；此后，是关于最有用的批评著作的信息，有时候也有一些相关网站。这个部分将引导你的阅读，使你能够跟随你的兴趣并发展出你自己的计划。丛书中的注释是按所谓的哈佛系统（在文本中给出作者的姓名和参引著作的出版日期，你可以在书后的参考文献中查到完整的信息）给出的。这种注释方式在极小的空间中提供了大量的信息。丛书也会对技术性术语加以解释，并用方框插入对一些事件或观念的更加细节性的描述。有时，方框也用于强调一些该思想家惯用或新创的术语的定义。这样，方框在某种程度上也起到了术语表的作用，在快速浏览全书时很容易找到它们。

丛书收入的思想家是“批判的”，出于三个原因。首先，我们按照涉及批评的主题来考察他们：主要是文学研究或者说英语和文化研究，但也涉及其他依靠对书本、观念、理论和未受质疑的假设进行批判的学科。其次，他们是“批判的”，因为研究他们的作品将为你提供一个“工具箱”，这个“工具箱”将服务于你自己的有理据的批判的阅读和思考，而这一阅读和思考，将使你成为“批判的”。再次，这些思想家之所以是批判的，因为他们至关重要：他们与观念和问题打交道，这些东西能够颠覆我们对世界、对文本、对那些
x 想当然地接受的一切的常规理解，给我们对我们已经知道的东西一种更加深刻的理解，给我们新的观念。

没有导读能告诉你一切。然而，通过提供一条进入批判思考的道路，本丛书希望让你开始参与这样一种生产性的、建设性的、可能改变你一生的活动。

# 致　谢

首先我想感谢劳特利奇出版社两位无时无刻都和善可亲且给予支持的编辑:鲍勃·伊格尔斯顿(Bob Eaglestone)和利兹·汤普森(Liz Thompson),以及四位对初稿提出意见的匿名评审人,他们给了不少有用和有建设性的意见。本书内容的大部分来自2001年秋天我在苏塞克斯大学(University of Sussex)发表的一系列演讲。在此我要感谢当时每一位参与者,从你们身上我获益良多:理查德·阿德伯姆(Richard Adburgham)、贾纳·贝露夫(Jana Beyreuther)、斯蒂芬·卡乌本(Stephen Cowburn)、加里·格罗夫斯(Gary Groves)、裘德·亨顿(Jude Hunton)、保罗·詹姆斯(Paul James)、迈克尔·祖力(Michael Jonik)、济南·祖得(Jinan Joudeh)、阿比盖尔·麦克斯韦(Abigail Maxwell)、克里斯托弗·派珀(Christopher Piper)、凯瑟琳·波塔奇(Katherina Pottakis)、玛丽亚·莎尼根(Maria Sanengen)、马克·希林(Mark Sheerin)、戴维·奥康纳·汤普森(David O' Connor Thompson),以及杜雪芬[音译](Say Fern Toh)。编写这本书的时候我试图把"演讲"的痕迹抹去,但我想最好也不要删掉太多。

# 致 谢

[illegible]

# 书(篇)名缩写

## 德里达的文本

注:如果可以(例如:Che,DTB,FL和S),我会尽量引用双语的英译本,即提供法语原文以供读者查阅的版本。而当我引用法语原文(为了清楚起见我有时会略微修改英译本的译文),我引用的也只会是标准的法文版。

A　　《困局:死亡——等待(彼此),在真实的界限之上》*Aporias: Dying—Awaiting (One Another at) the 'Limits of Truth'*, trans. Thomas Dutoit (Stanford: Stanford University Press, 1993).

AC　　《格言　逆时间》'Aphorism Countertime', trans. Nicholas Royle, in *Acts of Literature*, ed. Derek Attridge (London and New York: Routledge, 1992), 414-33.

Ad　　《永别了,列维纳斯》*Adieu, to Emmanuel Levinas*, trans. Pascale-Anne Brault and Michael Naas (Stanford: Stanford University Press, 1999).

AF 《档案热：弗洛伊德式的印象》*Archive Fever*: *A Freudian Impression*, trans. Eric Prenowitz (Chicago: Chicago University Press, 1996).

AFRC 《琐事的考古学：阅读孔狄亚克》 *The Archeology of the Frivolous*: *Reading Condillac*, trans. John P. Leavey, Jr (Pittsburgh: Duquesne University Press, 1980).

Aft 《后记：或，至少比被删掉的字母更为无伤大雅》 'Afterw.rds: or, at least, less than a letter about a letter less', trans. Geoffrey Bennington, in *Afterwords*, ed. Nicholas Royle (Tampere, Finland: Outside Books, 1992), 197-203.

AI 《就好像我已然死去：访问德里达》 '*As If* I Were Dead: An Interview with Jacques Derrida', in *Applying*: *to Derrida*, eds John Brannigan, Ruth Robbins and Julian Wolfreys (London: Macmillan, 1996), 212-26.

AIIWP 《就好像还有可能，"在限制之内"》 'As If It Were Possible, "Within Such Limits"...', trans.Benjamin Elwood and Elizabeth Rottenberg, in *Negotiations*: *Interventions and Interviews*, *1971-2001*, ed. Elizabeth Rottenberg (Stanford: Stanford University Press, 2002), 343-70.

AL 《文学的行动》*Acts of Literature*, ed. Derek Attridge (London and New York: Routledge, 1992).

'ANU' 《"不可呈现者，接近虚无"》 '"The Almost Nothing of the Unpresentable"', trans. Peggy Kamuf, in *Points*... *Interviews*, *1974-94*, ed. Elisabeth Weber (Stanford: Stanford University Press, 1995), 78-88.

AR 《宗教的行动》 *Acts of Religion*, ed. Gil Anidjar

(London and New York: Routledge, 2002).

AT 《末世的腔调:哲学的新词汇》 'Of An Apocalyptic Tone Newly Adopted in Philosophy', trans. John P. Leavey, Jr, in *Derrida and Negative Theology*, ed. Harold Coward and Toby Foshay (Albany: State University of New York Press, 1992), 25-71.

ATA 《我所是的动物(更多随后)》 'The Animal That Therefore I Am (More to Follow)', trans. David Wills, *Critical Inquiry*, 28: 2 (Winter 2002), 369-418.

ATED 《后记:迈向一种讨论的伦理》 'Afterword: Toward An Ethic of Discussion', trans. Samuel Weber, in *Limited Inc* (Evanston, Illinois: Northwestern University Press, 1988), 111-60.

B 《法律门前》 'Before the Law', trans. Avital Ronell and Christine Roulston, in *Acts of Literature*, ed. Derek Attridge (London and New York: Routledge, 1992), 181-220.

BB 《括号之间I》 'Between Brackets I', trans. Peggy Kamuf, in *Points... Interviews, 1974-94*, ed. Elisabeth Weber (Stanford: Stanford University Press, 1995), 5-29.

BBOL 《但,除此以外……(给安妮·麦克林托克和罗伯·尼克松的公开信)》 'But, Beyond... (Open Letter to Anne McClintock and Rob Nixon)', trans. Peggy Kamuf, *Critical Inquiry* 13 (1986), 155-70.

Bio 《生物分解》 'Biodegradables', trans. Peggy Kamuf, *Critical Inquiry*, 15: 4(1989), 812-73.

BL 《边界线》 'Border Lines', trans. James Hulbert, in

Harold Bloom *et al.*, *Deconstruction and Criticism* (New York: Seabury Press, 1979), 75-176. (Extracts in DRBB.)

C 《割礼忏悔录》 'Circumfession', in *Jacques Derrida*, trans. Geoffrey Bennington (Chicago: Chicago University Press, 1993).

Che 《何谓诗歌?》 'Che cos'e la poesia?', trans. Peggy Kamuf, in *A Derrida Reader: Between the Blinds*, ed. Kamuf (London and New York: Harvester, 1991), 221-37. (Also published in *P*.)

CHM 《我,与疯癫的历史》 'Cogito and the History of Madness', in *Writing and Difference*, trans. Alan Bass (London: Routledge and Kegan Paul, 1978), 31-63.

Cho 《舞蹈编排》 'Choreographies', trans. Christie V. McDonald, in *Points... Interviews, 1974-94*, ed. Elisabeth Weber (Stanford: Stanford University Press, 1995), 89-108.

D 《播撒》*Dissemination*, trans. Barbara Johnson (Chicago: Chicago University Press, 1981).

DA 《解构现实:访谈德里达》 'The Deconstruction of Actuality: An Interview with Jacques Derrida', trans. Jonathan Ree, in Martin McQuillan, ed., *Deconstruction: A Reader* (Edinburgh: Edinburgh University Press, 2000), 527-53. (Also in ET and N.)

Dec 《解构在美国:访谈德里达》 'Deconstruction in America: An Interview with Jacques Derrida', trans. James Creech, *Critical Exchange*, 17 (1985): 1-33.

Dem 《居所:虚构与证词》 'Demeure: Fiction and Testimony' (with Maurice Blanchot's *The Instant of My Death*), trans. Elizabeth Rottenberg (Stanford: Stanford University Press, 2000).

DI 《独立宣言》 'Declarations of Independence', trans. Tom Keenan and Tom Pepper, *New Political Science*, 15 (1986): 7-15. (Also in N.)

Dia 《共时语言》 'Dialanguages', trans. Peggy Kamuf, in *Points ... Interviews, 1974-94*, ed. Elisabeth Weber (Stanford: Stanford University Press, 1995), 132-55.

Diff 《延异》 'Differance', in *Margins of Philosophy*, trans. Alan Bass (Chicago: Chicago University Press, 1982), 1-27. (Also in SP; extracts in DRBB.)

Diss 《播撒》 'Dissemination', in *Dissemination*, trans. Barbara Johnson (Chicago: Chicago University Press, 1981), 287-366.

DO 《解构与他者》 'Deconstruction and the Other', Interview with Richard Kearney, in Kearney, *Dialogues with Contemporary Continental Thinkers* (Manchester: Manchester University Press, 1984), 105-26.

DRB 《罗兰·巴特的多重死亡》 'The Deaths of Roland Barthes', trans. Pascale-Anne Brault and Michael Naas, in *Continental Philosophy I: Philosophy and Non-Philosophy Since Merleau-Ponty*, ed. Hugh Silverman (London: Routledge, 1988), 259-97. (Also in WoM.)

DRBB 《德里达读本:帘隙之间》 *A Derrida Reader: Between the Blinds*, ed., with an introduction and notes by Peggy Kamuf (London and New York: Harvester Wheatsheaf, 1991).

DS 《双学时》 'The Double Session' in *Dissemination*, trans. Barbara Johnson (Chicago: Chicago University Press, 1981), 173-285. (Extracts in AL and DRBB.)

DTB 《巴别塔的场景》 'Des Tours de Babel', trans. Joseph F. Graham, in *Difference in Translation*, ed. Joseph F. Graham (Ithaca: Cornell University Press, 1985), 165-205. (Extracts in DRBB.)

E 《送出》 'Envois', in *The Post Card: From Socrates to Freud and Beyond*, trans. Alan Bass (Chicago: Chicago University Press, 1987), 3-256. (Extracts in DRBB.)

Ell 《省略号》 'Ellipsis', in *Writing and Difference*, trans. Alan Bass (London: Routledge and Kegan Paul, 1978), 294-300.

EO 《他者之耳:耳之自传、转移、翻译》 *The Ear of the Other: Otobiography, Transference, Translation*, trans. Peggy Kamuf, ed. Christie V. McDonald (New York: Schocken Books, 1985).

ET 《电视的超声波学:影像访问》 *Echographies of Television: Filmed Interviews*, with Bernard Stiegler, trans. Jennifer Bajorek (Cambridge: Polity Press, 2002).

Etc. 《诸如此类……》 'Et Cetera... (and so on, und so weiter, and so forth, et ainsi de suite, und so uberall, etc.)', trans. Geoffrey Bennington, in *Deconstructions: A User's Guide*, ed. Nicholas Royle (Basingstoke and New York: Palgrave, 2000), 282-305.

F 《前言:尼古拉斯·亚伯拉罕和玛丽亚·图洛的英文字》 '*Fors*: The Anglish Words of Nicolas Abraham and Maria Torok', trans. Barbara Johnson, in Abraham and Torok, *The Wolf Man's Magic Word: A Cryptonymy*, trans. Nicholas Rand (Minneapolis: University of Minnesota Press, 1986), xi-xlviii.

FK 《信仰与知识:位于单纯理性界限内的两种"宗教"源头》 'Faith and Knowledge: the Two Sources of "Religion" at the Limits of Reason Alone', trans. Sam Weber, in *Religion*, eds Jacques Derrida and Gianni Vattimo (Cambridge: Polity Press, 1998), 1-78. (Also in AR.)

FL 《法律之力:权力建立的神秘依据》 'Force of Law: The "Mystical Foundation of Authority"', trans. Mary Quaintance, *Cardozo Law Review*, 11: 5/6 (1990), 921-1045.

FS 《力与义》 'Force and Signification', in *Writing and Difference*, trans. Alan Bass (London: Routledge and Kegan Paul, 1978), 3-30.

FSW 《弗洛伊德和写作场景》 'Freud and the Scene of Writing', in *Writing and Difference*, trans. Alan Bass (London: Routledge and Kegan Paul, 1978), 196-231.

FV 《真相的制造者》 'Le facteur de la vérité', in *The Post Card: From Socrates to Freud and Beyond*, trans. Alan Bass (Chicago: Chicago University Press, 1987), 411-96. (Extracts in DRBB.)

G 《丧钟》 *Glas*, trans. John P. Leavey, Jr, and Richard Rand (London: University of Nebraska Press, 1986). (Extracts in DRBB.)

GARW 《地质精神分析:"……及剩余的世界"》 'Geopsychoanalysis: "... and the Rest of the World"', trans.

Donald Nicholson-Smith, in *American Imago*, vol. 48, no. 2 (1991): 199-231.

GD 《死亡的礼物》*The Gift of Death*, trans. David Wills (Chicago: Chicago University Press, 1995).

GT 《赠予时间:1. 假币》 *Given Time: 1. Counterfeit Money*, trans. Peggy Kamuf (Chicago: Chicago University Press, 1992).

H 《如何避免谈话:各种否认》 'How to Avoid Speaking: Denials', trans. Ken Frieden, in *Derrida and Negative Theology*, eds Harold Coward and Toby Foshay (Albany: State University of New York Press, 1992), 73-142.

Hos 《论好客》*Of Hospitality: Anne Dufourmantelle Invites Jacques Derrida to Respond*, trans. Rachel Bowlby (Stanford: Stanford University Press, 2000).

HPH 《海德格尔,哲学家的地狱》 'Heidegger, the Philosophers' Hell', trans. Peggy Kamuf, in *Points ... Interviews, 1974-94*, ed. Elisabeth Weber (Stanford: Stanford University Press, 1995), 181-90.

Ist 《刺猬 2:我一直在这里》 '*Istrice 2: Ick bunn all hier*', trans. Peggy Kamuf, in *Points...Interviews, 1974-94*, ed. Elisabeth Weber (Stanford: Stanford University Press, 1995), 300-26.

Ja 《*Ja*,或食言 Ⅱ》 '*Ja*, or the *faux-bond* II', trans. Peggy Kamuf, in *Points...Interviews, 1974-94*, ed. Elisabeth Weber (Stanford: Stanford University Press, 1995), 30-77.

LG 《类型的法则》 'The Law of Genre', trans. Avital Ronell, in *Acts of Literature*, ed. Derek Attridge (London and New York: Routledge, 1992), 221-52.

LI 《有限公司 abc》 'Limited Inc a b c ...', trans. Samuel Weber, in *Limited Inc* (Evanston, Illinois: Northwestern University Press, 1988), 29-110.

LMT 《语言:通话中的〈世界报〉》 'Language (*Le Monde* on the Telephone)', trans. Peggy Kamuf, in *Points ... Interviews, 1974-94*, ed. Elisabeth Weber (Stanford: Stanford University Press, 1995), 171-80.

LO 《活下去》 'Living On', trans. James Hulbert, in Harold Bloom *et al.*, *Deconstruction and Criticism* (New York: Seabury Press, 1979), 75-176. (Extracts in DRBB.)

LUNFP 《千万不要忘记——精神分析》 'Let Us Not Forget—Psychoanalysis', trans. Geoffrey Bennington and Rachel Bowlby, *Oxford Literary Review*, 12 (1990): 3-7.

M 《回忆录:致保罗·德曼》 *Mémoires: for Paul de Man*, trans. Cecile Lindsay, Jonathan Culler and Eduardo Cadava (New York: Columbia University Press, 1986).

Mal 《马拉美》 'Mallarmé', trans. Christine Roulston, in *Acts of Literature*, ed. Derek Attridge (London and New York: Routledge, 1992), 110-26.

MB 《盲人的回忆录:自画像及其他废墟》*Memoirs of the Blind: The Self-Portrait and Other Ruins*, trans.Pascale-Anne Brault and Michael Naas (Chicago: Chicago

University Press, 1993).

MC 《我的机会:与伊壁鸠鲁学派的约会》 'My Chances/ *Mes Chances*: A Rendezvous with Some Epicurean Stereophonies', trans. Irene Harvey and Avital Ronell, in *Taking Chances*: *Derrida*, *Psychoanalysis*, *and Literature*, eds Joseph H. Smith and William Kerrigan (Baltimore and London: Johns Hopkins University Press, 1984), 1-32.

MMW 《一种"疯狂"觊觎着思考》 'A "Madness" Must Watch Over Thinking', trans. Peggy Kamuf, in *Points*... *Interviews*, *1974-94*, ed. Elisabeth Weber (Stanford: Stanford University Press, 1995), 339-64.

MO 《他者的单语主义》 *Monolingualism of the Other*; *or*, *The Prosthesis of Origin*, trans.Patrick Mensah (Stanford: Stanford University Press, 1998). Moc 'Mochlos; or, The Conflict of the Faculties', trans. Richard Rand and Amy Wygant, in *Logomachia*: *The Conflict of the Faculties*, ed. Richard Rand (Lincoln, Nebraska: University of Nebraska Press, 1992), 3-34.

MP 《哲学的边缘》 *Margins of Philosophy*, trans. Alan Bass (Chicago: Chicago University Press, 1982).

MPI 《我——精神分析:给尼古拉斯·亚伯拉罕〈外壳和内核〉译本的导言》 'Me—Psychoanalysis: An Introduction to the Translation of "The Shell and the Kernel" by Nicolas Abraham', trans.Richard Klein, *Diacritics* 9: 1 (1979): 4-12.

N 《交涉:介入与访谈,1971—2001 》 *Negotiations*: *Interventions and Interviews*, *1971-2001*, ed. And trans.

Elizabeth Rottenberg (Stanford: Stanford University Press, 2002).

O 《外缘工作》 'Outwork', in *Dissemination*, trans. Barbara Johnson (Chicago: Chicago University Press, 1981), 3-59.

O&G 《*Ousia* 和 *Grammē*:有关海德格尔的〈存在与时间〉里一条注释的一篇注释》 *Ousia* and *Grammē*: Note on a Note from *Being and Time*', in *Margins of Philosophy*, trans. Alan Bass (Chicago: Chicago University Press, 1982), 29-67.

OCF 《论世界主义与宽恕》 *On Cosmopolitanism and Forgiveness*, trans. Mark Dooley and Michael Hughes (London: Routledge, 2001).

OG 《论文字学》 *Of Grammatology*, trans. Gayatri Chakravorty Spivak (Baltimore: Johns Hopkins University Press, 1976). (Extracts in AL and DRBB.)

OGI 《埃德蒙德·胡塞尔的〈几何学起源〉:导论》 *Edmund Husserl's 'Origin of Geometry': An Introduction*, trans. John P. Leavey, Jr (Stony Brook, New York: Nicolas Hays, 1978).

OH 《另一个标题:反思当代欧洲》 *The Other Heading: Reflections on Today's Europe*, trans. Pascale-Anne Brault and Michael B. Naas (Bloomington: Indiana University Press, 1992).

ON 《论名字》 *On the Name*, ed. Thomas Dutoit, trans. David Wood, John P. Leavey, Jr and Ian McLeod (Stanford: Stanford University Press, 1995).

OS 《论精神:海德格尔与问题》 *Of Spirit: Heidegger and the Question*, trans. Geoffrey Bennington and Rachel Bowlby (Chicago: Chicago University Press, 1989).

P 《圆点……采访 1974-94》 *Points... Interviews, 1974-94*, ed. Elisabeth Weber, trans. Peggy Kamuf and others (Stanford: Stanford University Press, 1995).

PF 《友谊的政治》 *Politics of Friendship*, trans. George Collins (London and New York: Verso, 1997).

PIO 《心灵:他者的塑造》 'Psyche: Inventions of the Other', trans. Catherine Porter, in *Reading de Man Reading*, eds Lindsay Waters and Wlad Godzich (Minneapolis: University of Minnesota Press, 1989), 25-65. (Extracts in AL and DRBB.)

POO 《激情:"间接的献礼"》 'Passions: "An Oblique Offering"', trans. David Wood, in *Derrida: A Critical Reader*, ed. David Wood (Oxford and Cambridge, MA: Basil Blackwell, 1992), 5-35. (Also published in ON.)

Pos 《位置》 *Positions*, trans. Alan Bass (Chicago: Chicago University Press, 1981).

PP 《柏拉图的药房》 'Plato's Pharmacy', in *Dissemination*, trans. Barbara Johnson (Chicago: Chicago University Press, 1981), 63-171. (Extracts in DRBB.)

PR 《理性的原则:学生眼中的大学》 'The Principle of Reason: The University in the Eyes of Its Pupils', trans. Catherine Porter and Edward P. Morris, *Diacritics* 13: 3 (1983): 3-20.

Pro 《谚语:"语带双关的他……"》 'Proverb: "He That

Would Pun..." ', Foreword to *Glassary* (Lincoln: Nebraska University Press, 1986), 17-20.

PS 《精神分析寻找灵魂的状态:超越残暴主权的不可能》'Psychoanalysis Searches the States of Its Soul: The Impossible Beyond of a Sovereign Cruelty', in *Without Alibi*, ed., trans. and with an Introduction by Peggy Kamuf (Stanford: Stanford University Press, 2002), 238-80.

PTP 《通道——从创伤主义到承诺》 'Passages—from Traumatism to Promise', trans. Peggy Kamuf, in *Points... Interviews, 1974-94*, ed. Elisabeth Weber (Stanford: Stanford University Press, 1995), 372-95.

QQ 《什么什么:瓦莱里的起源》 'Qual Quelle: Valery's Sources', in *Margins of Philosophy*, trans. Alan Bass (Chicago: Chicago University Press, 1982), 273-306.

RD 《毒品的修辞学》 'The Rhetoric of Drugs', trans. Michael Israel, in *Points... Interviews, 1974-94*, ed. Elisabeth Weber, trans. Peggy Kamuf and others (Stanford: Stanford University Press, 1995), 228-54.

RDP 《有关解构与实用主义的几点备注》 'Remarks on Deconstruction and Pragmatism', trans. Simon Critchley, in *Deconstruction and Pragmatism*, ed. Chantal Mouffe (London and New York: Routledge, 1996), 77-88.

RI 《审查的权利》 *Right of Inspection*, trans. David Wills, with photographs by Marie-Francoise Plissart (New York: Monacelli Press, 1998). No page numbers.

RLW 《种族主义的遗言》 'Racism's Last Word', trans. Peggy Kamuf, *Critical Inquiry* 12: 1 (1985): 290-9.

RP 《精神分析的反抗》 *Resistances of Psychoanalysis*, trans. Peggy Kamuf, Pascale-Anne Brault and Michael Naas (Stanford: Stanford University Press, 1998).

S 《签名蓬热》 *Signeponge/Signsponge*, trans. Richard Rand (New York: Columbia University Press, 1984). (Extracts of this text are also included in *AL*.)

SEC 《签名事件语境》 'Signature Event Context', trans. Samuel Weber and Jeffrey Mehlman, in *Limited Inc* (Evanston, Illinois: Northwestern University Press, 1988), 1-23. (Also in DRBB.)

SF 《推测——有关"弗洛伊德"》 'To Speculate—on "Freud"', in *The Post Card: From Socrates to Freud and Beyond*, trans. Alan Bass (Chicago: Chicago University Press, 1987), 257-409. (Extracts in DRBB.)

Sh 《示播列》 'Shibboleth', trans. Joshua Wilner, in *Midrash and Literature*, eds Geoffrey H. Hartman and Sanford Budick (New Haven: Yale University Press, 1986), 307-47. (Extracts in AL.)

SM 《马克思的幽灵》 *Specters of Marx: The State of the Debt, the Work of Mourning, and the New International*, trans. Peggy Kamuf (London and New York: Routledge, 1994).

SN 《除了名字》 'Sauf le nom', trans. John P. Leavey, Jr, in *On the Name*, ed. Thomas Dutoit, trans. David Wood, John P. Leavey, Jr and Ian McLeod (Stanford: Stanford University Press, 1995), 33-85.

SOO 《自己的蚕虫》 'A Silkworm of One's Own', trans. Geoffrey Bennington, in *Derridas*, special issue of the

*Oxford Literary Review*, vol. 18 (1997): 3-65. (Also in AR.)

SP 《声音与现象:胡塞尔现象学中的符号问题导论》 *Speech and Phenomena and Other Essays on Husserl's Theory of Signs*, trans. David Allison (Evanston, Illinois: Northwestern University Press, 1973). (Extracts in DRBB.)

Sp 《马刺:尼采的风格》 *Spurs: Nietzsche's Styles/Eperons: Les Styles de Nietzsche*, trans. Barbara Harlow (Chicago: University of Chicago Press, 1979). (Extracts in DRBB.)

SSP 《人文科学论述中的结构、符号与游戏》 'Structure, Sign, and Play in the Discourse of the Human Sciences', in *Writing and Difference*, trans. Alan Bass (London: Routledge and Kegan Paul, 1978), 278-93.

SST 《有关造字主义、新主义、后主义、寄生主义及其他小小震波主义的一些陈述和老生常谈》 'Some Statements and Truisms About Neo-Logisms, Newisms, Postisms, Parasitisms, and Other Small Seismisms', trans. Anne Tomiche, in *The States of 'Theory': History, Art and Critical Discourse*, ed. David Carroll (New York: Columbia University Press, 1990), 63-95.

T 《心灵感应》 'Telepathy', trans. Nicholas Royle, in Martin McQuillan, ed., *Deconstruction: A Reader* (Edinburgh: Edinburgh University Press, 2000), 496-526.

TC 《残暴剧场与再现的闭合》 'The Theater of Cruelty and the Closure of Representation', in *Writing and Difference*, trans. Alan Bass (London: Routledge and

Kegan Paul, 1978), 232-50.

TNOF 《这不是口头上的注释》 'This Is Not An Oral Footnote', in *Annotation and Its Texts*, ed. Stephen A. Barney (Oxford: Oxford University Press, 1991), 192-205.

TNON 《"不止一种自恋"(各种自传)》 '"There Is No *One* Narcissism" (Autobiophotographies)', trans. Peggy Kamuf, in *Points... Interviews, 1974-94*, ed. Elisabeth Weber (Stanford: Stanford University Press, 1995), 196-215.

TOJ 《这时代全盘错乱》 'The Time is Out of Joint', trans. Peggy Kamuf, in *Deconstruction is/in America: A New Sense of the Political*, ed. Anselm Haverkamp (New York: New York University Press, 1995), 14-38.

TP 《绘画中的真理》 *The Truth in Painting*, trans. Geoff Bennington and Ian McLeod (Chicago: University of Chicago Press, 1987). (Extracts in DRBB.)

TS 《我对秘密情有独钟》 'I Have a Taste for the Secret', Jacques Derrida in conversation with Maurizio Ferraris and Giorgio Vattimo, in Derrida and Ferraris, *A Taste for the Secret*, trans. Giacomo Donis (Cambridge, UK: Polity, 2001), 3-92.

TSICL 《被称为文学的奇怪建制》 'This Strange Institution Called Literature', trans. Geoffrey Bennington and Rachel Bowlby, in *Acts of Literature*, ed. Derek Attridge (London and New York: Routledge, 1992), 33-75.

TTBS 《标题(待定)》 'Title (to be specified)', trans. Tom Conley, *SubStance*, 31 (1981): 5-22.

TTP 《论文时间:标点》 'The Time of a Thesis: Punctuations', trans. Kathleen McLaughlin, in *Philosophy in France Today*, ed. Alan Montefiore (Cambridge: Cambridge University Press, 1983), 34-50.

TWJ 《给乔伊斯的两个字》 'Two Words for Joyce', trans. Geoff Bennington, in *Post-Structuralist Joyce: Essays from the French*, eds Derek Attridge and Daniel Ferrer (Cambridge: Cambridge University Press, 1984), 145-59.

U 《启封("旧的新语言")》 'Unsealing ("The Old New Language")', trans. Peggy Kamuf, in *Points … Interviews, 1974-94*, ed. Elisabeth Weber (Stanford: Stanford University Press, 1995), 115-31.

UG 《尤利西斯留声机:在乔伊斯的作品里探听认同之声》 'Ulysses Gramophone: Hear Say Yes in Joyce', trans. Tina Kendall and Shari Benstock in *Acts of Literature*, ed. Derek Attridge (London and New York: Routledge, 1992), 256-309. (Extracts in DRBB.)

US 《令画布基底[1]失去知觉》 'To Unsense the Subjectile', trans. Mary Ann Caws, in Jacques Derrida and Paule Thevenin, *The Secret Art of Antonin Artaud* (London and Cambridge, MA: MIT Press, 1998), 59-157.

UWC 《无条件的大学》 'The University Without Condition', in *Without Alibi*, ed., trans. and with an Introduction by

---

1 德里达对"subjectile"这个词的理解完全超越了其法语字面或法语里作为绘画术语的意思。详情可参考《安东尼·亚陶的Subjectiles——穿越-重新评价亚陶的价值》(http://dspace.lib.ntnu.edu.tw/handle/77345300/44864)一文。——译者注

Peggy Kamuf (Stanford: Stanford University Press, 2002). (Also in Cohen 2001.)

V 《声音 II》 'Voice II', trans. Verena Andermatt Conley, in *Points… Interviews, 1974-94*, ed. Elisabeth Weber (Stanford: Stanford University Press, 1995), 156-70.

VR 《维拉诺瓦大学圆桌会议:对话德里达》 'The Villanova Roundtable: A Conversation with Jacques Derrida', in *Deconstruction in a Nutshell*, ed. John D. Caputo (New York: Fordham University Press, 1997), 3-28.

WA 《没有借口》 *Without Alibi*, ed., trans. and with an Introduction by Peggy Kamuf (Stanford: Stanford University Press, 2002).

WAP 《谁害怕哲学:哲学的权利 1》 *Who's Afraid of Philosophy: Right to Philosophy 1*, trans. Jan Plug (Stanford: Stanford University Press, 2002).

WB 《蜂巢中的女人们:对话德里达研讨会》 'Women in the Beehive: A Seminar with Jacques Derrida', in *Men in Feminism*, ed. Alice Jardine and Paul Smith (London and New York: Methuen, 1987), 189-203.

WD 《书写与差异》 *Writing and Difference*, trans. Alan Bass (London: Routledge and Kegan Paul, 1978).

WIP 《知识分子的工作与传媒(坏榜样:〈纽约书评〉及一般公司的营商手法)》 'The Work of Intellectuals and the Press (The Bad Example: How the *New York Review of Books* and Company Do Business)', trans. Peggy Kamuf, in *Points… Interviews, 1974-94*, ed. Elisabeth Weber (Stanford: Stanford University Press, 1995),

422-54, 482-7.

WM 《白色神话:哲学文本中的隐喻》 'White Mythology: Metaphor in the Text of Philosophy', in *Margins of Philosophy*, trans. Alan Bass (Chicago: Chicago University Press, 1982), 207-71.

WoM 《哀悼的工作》 *The Work of Mourning*, ed. Pascale-Anne Brault and Michael Naas (Chicago: Chicago University Press, 2001).

# 1 1

# 为什么是德里达？

为什么是德里达？按照“劳特利奇批判思想家”系列的“惯例”（第 ix 页[1]），我必须尝试回答这个问题，更要碰碰运气，希望你会感兴趣（不过，我承认我并不能全盘接受和应对这个问题，原因我想你会渐渐了解）。但毋庸置疑，大家已经有最起码的理解及预设：“德里达”不是新上市的高能量饮料的名称，也不是下届奥运会的候选地。“为什么是德里达？”呢？我把问题放进引号，但它本来已是句引文。在这里，我正式引用德里达，他说：“警惕那看不见的引号，即使那只是个单词，里面的引号一样要警剔”（LO 76）。对于“为什么是德里达？”这个问题，我们可以怎样理解？而这些理解又是否基于假想？是怎样的假想？

以下是再普通不过的一段简介：

1　此为原书页码，读者可参照本书的页边码查找，后同。——编者注

> “德里达”，一个男人的名字，一位犹太裔、阿尔及利亚—法国籍的哲学家，生于1930年。

“这句话”，引用一下德里达最近较精彩的论文：“我们大可花无数年的时间去琢磨”(Dem 54)。这个句子的各个部分，各自带出了有关德里达作品的一些重要问题：

(1)当某某的名字被放在引号里，会产生什么效果？引号又是什么？引号从哪里开始？“可引用性”(quotability)的限制是什么？
2 我们如何决定什么应该或不应该放进引号？我们将会看到，德里达的作品如何“实践一种对引号谨慎但……广泛的*运用*”(SST 77)。他的作品探索的是一种“不再可能板起脸孔地*套用*传统话语”的观念，旨在“动摇……*带有*引号的论述(discourse)与*没有*引号的论述之间的对立状态”，也就是动摇到“哲学的整体，理论的整体”(SST 74-5)。

(2)何谓“名字”？它跟名字的持有者有何关系？名字是一己专属之物？专有名词(proper noun)真的是“专有”的吗？德里达会坚持这种逻辑：我们都是“[自己]名字的陌生人”(参见 AC 427)。提到“德里达”这个名字，他说：“我爱这个名字[德里达]，不过当然，它不属于我(爱自己名字的唯一条件：它不属一己之有)”(AI 219)。

(3)相对于女人，或相对于动物和机器，何谓男人？德里达让如此这般的对立或分类更为复杂难办。例如他关注到“复数形式的性别差异”(V 163)，主张以思维去“超越男女对立，更要打破双性恋、同性恋、异性恋等其实是殊途同归的分类”(Cho 108)。德里达感兴趣的是批判思考——打乱直截了当的人禽之辨。“没有人可以否定，人类有能力亲身感受到某些动物身上所受到苦难、恐惧或恐慌、惊怖或惊吓”，德里达总结道：“动物直视我们，而我们迎之以赤身裸体。思考本身或许就在那一刻开始”(ATA 397)。同时，他旨在用新思维去思考何谓机器(machine)，构建机器、重复(repetition)、书写和死亡之间的亲密关系。他认为，如果没有机械性的重复，就不可能有所谓的书写和记忆；机器即是死亡，“机器之所以出现，关乎到死亡”(FSW 227)。

(4)“犹太人”意味着什么？当有人因其希伯来血统或宗教而被识别出来，背后的潜台词及利害关系又是什么？试想一下，如果“基督徒”的身份以同样的方式被加诸有关作家或所谓公众人物身上，又会如何？德里达说过，他是犹太人，也不是犹太人；他是基督徒，也不是基督徒。在身份问题上，宗教如何发挥作用？德里达受 3
到“去宗教化的弥赛亚主义”(SM 59)感召，他戮力“阻截一切通往神学的道路”(Pos 40)。这样的一个思想家，我们应如何应对？

(5)“阿尔及利亚—法国人”(Algerian-French)：不止一个身份，来自或属于不止一个国家——特别是阿尔及利亚和法国这种有着历史瓜葛并制造“身份认同障碍”(MO 14)的国家——究竟是怎么回事？

(6)何谓“哲学家”？被称作哲学家意味着什么？当哲学家或哲学不可避免地要括上引号，这说明了什么？某些德里达的读者急于指出德里达最称职不过的作家身份，但如果“作家”(和其息息相关的“文学”)都必须置于引号之内呢？德里达曾说过：“我很好奇世上还有完全纯粹的‘作家’或‘哲学家’吗？毫无疑问，我两者皆非”(HPH 189)。

(7)当我们说，某某出生了、“他出生了”(he was born)、“我出生了”(I was born)，又或者是没有标示过去时态的一句“生于1930年”(born in 1930)，我们要表达的是什么？“出生了”(was born)，或“出生”(is born),两者在时间及时态上都有点怪怪的。(在法语里这种模糊更为明显:*je suis né(e)*,可同时解释为“出生了”和/或“出生”。)“出生”意味着什么？在何种意义上,我们竟然可以察觉到“出生”这个事实？在德里达看来,“这个问题引起的焦虑是挥之不去的”(MMW 339)。每次诞生也是“一个绝对的开始,是世界的另一起源”:它是个惊喜,是一起“不能回首分析”的事件(DA 543)。

(8)“生于 1930 年”:日期是什么？日期是独异(singular)的,无可取代的。它“不回头,不重复”(TSICL 42),它“用来铭刻每一刻的独特性,但正因如此,它捉不住独特的一刻……日期总是被消抹(effaced)。同时铭刻,同时消抹(PTP 378-9),例如“9.11”——或任何其他日期,不也就是这样吗？日期是奇怪的,用德里达的话来说,日期是“我们向时间和空间抛掷的网状符码,试图减少或掌控复数形式的差异(differences),截停差异,锁定差异(AC 419)。

(9)最后,上面引述有关德里达的介绍文字,以“生于 1930 年”作结,但其实似乎没把话说完,或其实已道出了弦外之音,幽灵般(ghostly)肯定着有关人士依然在生、生活着或将继续生活。这又
4 是什么意思？“活着”、“继续活着”,又是什么意思？幽灵性(ghostliness)又是什么？本书会论及这些德里达提出的问题。

首先,我们可以问问自己,围绕着“为什么是德里达?”而运作如常的,是什么假设、信仰、幻觉或幽灵？显而易见,我们可能更应把问题改写并理解为:“为什么要写一本关于德里达的书?”或“为什么我想要或需要读这本书?”

由此带出了两个不同的可能。第一个问题(“为什么要写一本关于德里达的书?”)至少是你我同样在乎的。而第二个问题(“为

什么我想要或需要读这本书?”),大概对你来说更为切身。我们不能忽视“为什么是德里达?”这个问题的弦外之音,以及发问者语调的含义;这个问题正在呼吁你们去解答,同时亦在寻求解答,好像在问:读者们,快解释一下,为什么是德里达呢? 为什么想要或需要认识德里达呢? 为什么大家要对他感兴趣?

## 当务之急:慢下来

讲到这里,我已定好了不少本书将会探讨的题目,包括:应对他者或各种事情所产生的问题(the question of responding)、不同问题或文本(text)所产生的不同解读、身份问题(人类、性别、民族、宗教、国家、政治、个人)和德里达称为“身份失序”(disorder of identity)的问题、称呼(address)及语气(tone)的问题,以及在法律面前“直面威权建制”作证等哲学问题。要认识德里达,我会以一句至理名言奉劝大家:慢下来。小心读,慢慢读。“德里达”要求大家耐心,正如捷克作家弗朗茨·卡夫卡(1883—1924)在其伟大的格言集里写道:“人类的一切错误源于躁乱,他们太快放弃有条不紊的程序,把理应重要的问题束之高阁,弃之不顾(fencing-in)”(Kafka 1994,3)。

和卡夫卡一样,德里达关注的是一种激进的耐心,耐心理解各种束之高阁、弃之不顾背后的原因。但是,这并不意味他鼓吹寂静 5
主义[1](quietism)、无所作为和蓄意为之的自由放任(laissez faire)。他认为:“延迟、耽搁、采取距离都是有必要的,且贸然的莽撞亦有必要”(DA 533)。我们必须当机立断,他不止一次强调,“绝对的

1 寂静主义是一种在17世纪于法国、意大利、西班牙等地流行起来的基督教哲学。——译者注

紧急"好比一种"当机立断的定律"(the law of decision)(PF 79)。这亦解释了他为何在所有文章里,都对我们决策过程的性质和其中的"不可决定"(the undecidable)如此关注。

## 不可决定

对德里达来说,"不可决定"和"不可确定"(indeterminacy)是有分别的,他把后者定性为一种"否定性"(negativity)或"虚无"(nothingness)(ATED 149)。和卡夫卡一样,他着迷于"决定"这个概念,特别是因为下决定之前必定会遇到"不可决定"、"不可估量"(incalculable)以及"不可规划"(unprogrammable)、"不可框死"(unfenceinable)等阻力。正如德里达所言,任何决策过程都"受制于'不可决定'的经验(experience)和实验(experiment)"(ATED 116)。"不可决定"并非纯洁之物:"这股力量并不能完好自足"(116)。它并非可以随意使用或抛弃的工具或方法,它是一种幽灵(ghostliness),它让"总体化(totalization)、满足(fulfilment)和丰饶(plentitude)等状态都"化为不可能(116)。"'不可决定'好比幽灵,它内置于每个决定和每次决定当中"(FL 965)。我们因此要问:"谁可以向我们保证,一个决定已然发生?谁能向我们保证它发生之前没有原因、估算、规则……?"(FL 965)。德里达一直强调和分析所谓"决定之迷"——任何人做任何决定前那昙花一现的狂思闪念。在不同场合,他都忆起并提到丹麦哲学家索伦·克尔凯郭尔(1813—1855)的观点:当机立断的一瞬间,即属癫狂(见,例如:CHM 31; FL 967)。"下决定的一刻有异于了然于胸的状态(TS 61)",德里达说:那是"非知识"(non-knowledge)的一刻。深思熟虑过后:"决定"好比癫狂一刻之中"看不见的悬念"(FL 965)。

决定之所以是决定,因为它不可避免地受到"不可估量"以及

“不可框死”的两种力量所结构。用德里达的术语来说,我们必须
承认决定本身不是一种“动作”,而是一种“热情”(AL 222)。他的
作品另辟蹊径,指出决定并非一种“在场”(the presence),其背后也
没有自作主张、老谋深算的决定者,亦非一种主动行为。“做决定 6
前要反复思量,更需要知识上的准备……我们要深谋远虑,但不可
估量的事情必定纷至沓来”(TS 61)。“为什么是德里达?”我们要
稍安毋躁,同时要注意到,回答这个问题所做的每一个决定,都已
被不可决定之力魂魄附体(haunted),并通向不可估量之事。套用
一句德里达的话:某种疯狂的力量已经在问题的背后伺机而动(见
MMW)。

## 活下去

“为什么是德里达?”这个问题,听起来开始有点陌生和空洞了,但我希望让它产生独一无二的效果;除了这个问题略带挑衅的语气,以及当中隐含的鼓躁(“啰啰唆唆! 我们是消费者啊! 没时间了,为什么要是德里达呢,回答我!”),我想这个问题可能已经鸣起了丧钟。我们可以假设这个问题并非一种死亡恐吓,但也很难忽略以下的解读:“德里达存在有什么意义? 他有什么用? 没他不可吗?”

你可能认为,“为什么是德里达?”这个问题眨眼间就能解决:非常简单,争执在于“德里达”这个名字的两种诠释方向:第一,把它理解为“德里达”本人和“德里达”的文本及作品;第二,把“德里达”理解为一位重要的思想家,了解他的批判思想、他的著作(撰写或合著的加起来至少有 70 本)以及他所有的文章和访谈。但问题来了,如果“为什么是德里达?”这个问题首先指的是他的著作,进而若我们礼貌地忽视了这个标题含有的死亡恐吓成分,我们在某

种意义上就是把这一恐吓付诸了行动，并将他本人从我们所谓的批判思想中割裂出去。但无论如何，两种诠释进路都说明，名字散发着死亡的气味。

名字负载着死亡，这个想法贯穿德里达所有作品。他讨论德国哲学家弗里德里希·尼采（1844—1900）时就提及过："所有名字，有别于与名字的载体，总是先验地（a priori）[1]属于死去的人，名字也就是死亡的名字"（EO 7）。德里达最感兴趣的，恰恰是名字与
7 名字载体之别，某种意义上，就是生死之别。不少人对德里达作品有误解，最常见的莫过于"作者已死"所引起的误会。名句"作者已死"之所以如此街知巷闻，要归功于 1968 年罗兰·巴特的同名文章（Barthes 1977）。他在文章里兴高采烈地宣布，在比喻和意识形态的层面来说，作者已死，时机已到，我们阅读文本的时候要放弃考虑作者的写作意图，也不应再去猜度作者的不同陈述背后的原意。巴特宣称：那些如同父亲形象般的神一样的作者，不应再是文本的意义源头和权威。

巴特的宣布，在许多层面来说，都与德里达所关心的背道而驰。我希望能够在后面的章节中清楚地指出，德里达一直非常留意作者的意图和说话。早在 1976 年德里达就曾经公然反对巴特的名句："支持作者之死，及支持忽略作者的人，很明显都只是在大作文章，兴风作浪"（S 22）。相比作者之死，更贴切地说，德里达更迷恋作者之生。我们因此可以相当合理地，把他 70 多本作品形容为一种离奇、鬼魅的"作者之生"。他着迷于自传写作的神秘本质，更着迷于生存的问题或如何"活下去"等问题（见 LO）。

这并不是说德里达对死亡和作者这两个概念，以及两者交汇

---

1 无需经验或先于经验获得的知识，这个概念一般来讲与哲学家康德一起讨论。——译者注。

的部分没有自己的一套看法，情况恰恰相反。正如他在 1995 年接受采访时说："我反复思量的无非是死亡，无时无刻我都想到死亡；每隔 10 秒，我们都会感受到死亡如何迫在眉睫"（TS 88）。但他对死亡的看法有一个特点，他不相信来世："我不相信化为尸体之后，我们会继续活着"（TS 88）。他强调"死亡"并非生命的对立面，反之，它在根本上是生活的核心，是思想、欲望及学习如何生活的前提（见 SM xvii-xviii）。他旨在思考我们那"难以置信"的奇怪状态，也就是我们正在活着（或正在死亡）的状态；在这状态里，"我们难以相信'死亡'，但同样难以相信'不朽'"（M 21）。德里达关注的是，"作为概念或作为存在（being）的所谓'生命'，这其中有着一种'自我的非等同'（non-self-identity）"（SM 187）。本质上"生命"与其自身并非等同（different-from-itself）。简言之，所谓生命，是鬼魂的生命。（在适当的时候，我会再澄清这些或许有点晦涩的论点。）

## 回答问题：为什么是德里达？ 8

"为什么是德里达？"：我承认我没有，而且也许永远不会完成这个问题的回答。为什么要写一本关于德里达的著作？为什么这本书对读者会有所裨益？请允许我提供两个初步的答案。

### 答案 1

因为，我们生活在德里达的时代。因为，比起过往任何当代作家或思想家，德里达的文本更大程度上描述和改变了我们思考的方式，例如语言的本质、声音和书写、生死、文化、道德、政治、宗教、文学和哲学等。雅克·德里达比其他作家或思想家更能定义和代表我们的时代。

"为什么是德里达？"这个荒谬的问题令我不禁发笑。这个问题本身骇人听闻之余，也令人捧腹。就好像有人问："为什么要有文化?”、“为什么要有教育?”、“为什么要思考?”虽然刚刚我大胆断言,我们正生活在德里达的时代,而且指出他是当今最重要的思想家,但无疑“德里达时代”和“我们的时代”这些说法,都应该放进引号之内。所谓时代(epoch),它是“被伟大事件固定和创造的一个时间点,人们以这一点为基础去评价和理解其他日期和日子”;“新事物从这一个时间点发生”;它也可理解为“(地质,历史学上的)时代”(《钱伯斯词典》[*Chambers Dictionary*])。时代(epoch)这个词来自古希腊语 *epochē*,意思是“举起”或“暂停”。“德里达时代”不仅是指特定的时间点或时间周期(具体的周期,大概是由 1967 年德里达出版的 3 本惊世巨作——《论文字学》、《声音与现象》和《书写与差异》开始,直到现在);“德里达时代”更指涉着一种对“时代”、时代性(epochality)、时间、历史和德里达所说的周期性(periodicity)等的理解。如果上述 3 本德里达在 1967 出版的书都(如一般人所言)是划时代的著作,某种程度上是因为这几本书对于“时代”、“时间”、“当下”(present)、“历史”、“日期”等,都产生了新的思路和理解。如果德里达是“我们时代”的伟大思想家,那是因为他关心的恰恰是质疑和反思“时代”或“我们的时代”的意义何在。他感兴趣于不合时宜(the untimely)的事物,试图阐明哈姆雷特(Hamlet)那幽灵般的令人困扰的命题:“这时代全盘错乱呀”(time is out of joint)(1.5.196)。最重要的是,德里达认为“时
9 代”和“我们的时代”之类的说法相当可疑。因此,诸如克尔凯郭尔和尼采等思想家对德里达尤为重要,因为他俩都是“不合时宜的思想家,质疑把历史诠释为一种发展观念的做法,亦质疑发展当中那与当代世界接轨的事物——当代的自我同一性(self-contemporary)——能否真的做到承前启后”(TS 6)。德里达与克尔凯郭尔、尼采,甚至与莎士比亚的哈姆雷特共有的,是“一种对归属于时代

(time)——我们的时代——的不适,‘我们’的时代里的‘我们’对他们来说难以启齿。也许,在我们的时代里,‘我们的时代’也真的无从谈起”(TS 7)。德里达在《论文字学》这本著作里重点指出:“我写这本书的最终目的,就是把‘接近性’(proximity)、‘即时性’(immediacy)和‘在场’(presence)等概念化为神秘莫测之物”(OG 70)。

“为什么是德里达?”这一章可视为另一篇前言(“丛书编者前言”:见 vii-x)的增补。德里达认为,前言好比“事后表示:‘我的话还未讲完’”。把书写好了,再回头写序,就好像书还没有完成似的,就好像过去写过的东西“以假装的现在时态”被呈现为一种“未来”(O 7;参见 DS 211)。德里达认为前言“是一种必需但可笑的操作”,因为写作本身并不存在于现在、过去或将来这好几个时态,它们都只是修改过的现在(O 7)。如果德里达的作品构成了一种“没有终局的陌生策略”(O 7),那是因为它迫使我们去思考写作和阅读,思考文本的时间性或时代性。

为符合一般前言的传统格式,请容许我在这里增补一下,“以假装的现在时态”告诉你往后的内容。首先,我要提醒你,前言所带来的问题不会消失。毕竟,整本书都将是你“阅读德里达”的一篇前言。书中每个章节都将构成一篇一篇的前言,运气好的话,读者应该可以拿起这本书,从任何一章开始。我想,逻辑上,这一点与刚才提到的“没有终局的陌生策略”是吻合的。

第二,我想强调,之后的每一页内容肯定都别具一格。我对德里达的原文的解读力求仔细忠实,但我总得有自己的一套说法和做法。在这方面,“为什么是德里达?”这个问题本来就是向所有人(除德里达本人外)发问的问题(直到目前为止这都是心照不宣的事实)。每种解读都是独异和不同的。在这种情况下,我要先提醒 10

你,我对德里达的阐述将会(在某些方面来讲甚至会一边倒地)偏向文学和文学研究。我会主要把他当作一个作家或思想家来描述,而不是严格意义上的哲学家。我想这是接触他作品的恰当方式。毕竟,正如他自己在 1980 年写道,“我一直以来的兴趣是文学及人们认为有文学性的写作,这比我对哲学产生兴趣来得还要早”(TTP 37)。换句话说,我希望这本书忠实于德里达作品的哲学要义,本书的讨论会以威廉・莎士比亚(1564—1616)和艾米莉・勃朗特(1818—1848)等作家为参照的主轴,而不是 G.W.F.黑格尔(1770—1831)和埃德蒙德・胡塞尔(1859—1938)等哲学家。对德里达来说,文学在任何情况下与政治、民主和责任、宗教、国籍和民族主义、身份和法律都密不可分。我希望通过文学去解释,德里达为什么比任何当代作家或思想家都更能定义“我们的时代”以及“全盘错乱的时代”。

这本论著的独特之处,在于它关注到翻译中的语言问题,以及语言本身作为翻译的问题。英文“Why?”与法文“Pourquoi?”虽然都可解作“为什么?”,但意思已经有天壤之别。你捧在手上的这本书正是用英文写成;它有意识地把德里达的作品翻译或转化成英语。有时我会参考和提到所谓法语“原文”中德里达的文本措辞,但最令我感兴趣的是他的作品如何在英语的语境中,震裂出不可思议的效果。他本人也强调,翻译就是“转化”。正如他 1968 年接受采访时所说:“我们需以转化来替代翻译这个概念;一个语言被另一个语言有规范地转化,一个文本被另一个文本转化”(Pos 20)。翻译的过程会改变语言本身。在下文我会探讨翻译如何作出这种转化,更会借此指出德里达的作品慢慢地、一步一步而不知不觉地改变着英语,而且在“改变语言的过程中,额外地改变了其他东西”(TSICL 55)。

面对“为什么是德里达?”这种答之不尽,问之不竭的问题,以下是我最后却又初步的回应。

## 答案 2 11

我毫无头绪,而且不得不如此。毫无头绪是必需的。与那些荒谬的装出知之甚详的一篇篇前言相反,阅读德里达就好像要去面对那不可估量的东西。也许你会感到惊讶,但德里达的思想在这方面与 E.M.福斯特的观点非常接近。在《小说面面观》(*Aspects of the Novel*, 1927)里,福斯特这样谈自己的写作经验:“我还未开口,我哪会知道我在想什么?”(Forster 1976, 99)。如果对不可预见的、不可知的、不可估量的东西你都毫无准备,那么你是不可能对“为什么是德里达?”这个问题作出回应的。我们必须了解“在各类不同的信息中都有偶然的机会或元素”(EO 108)。这个问题背后离不开“读者就是消费者”的假设,发问者好不耐烦:“别浪费时间,我要的是解释!”但如果要理解德里达,就要理解他与别人不同的论述语调及应对问题的风格。例如德里达至少在一个场合(见 MC 1)说过:“*我根本不知道我在跟谁说话*。”某种意义上,这句深不可测却又简单不过的话,是他的写作纲领,同时也鬼魅般地缭绕着到目前为止本书的一切内容。

## 2



# 关键思想

前文已经为“为什么是德里达?”这个问题提供了一些初步答案。我也试图表明,这个问题严肃深奥,同时也荒谬滑稽,而现在我想解释一下,为什么所谓的“关键思想”也应作如是观。根据“劳特利奇批判思想家”系列的一贯模式,首先,正文要以“为什么[某某某]?”这一章来打开话题,然后 “中间的部分”要用来“讨论该思想家的核心观念,这些观念的语境、演化和接受(情况)”(第 ix 页)。正如我刚才所说,我会尽力以自己的方式、以忠于该“批判思想家”的方式全力执行这个任务。

不过,要掌握德里达的作品,首先要粉碎“关键思想”这个概念背后的逻辑。德里达思想如果有任何“关键”之处,它一定是一种质疑,一种对所谓“关键思想”的质疑。我早跟你说过:慢下来! 我理解大家都很想要或很需要思想家作品的摘要、大纲、概要或者改写,但如果你以为德里达的思想可以按部就班地重组成清清楚楚的脉络,以为可以几步到位,完全到位后可以松一口气的话,你不过是在装懂而已。不可否认,德里达思想有不少关键词:解构、延

14 异、踪迹(the trace)、原始文字(arche-writing)、文本、间距(spacing)、增补(the supplement)、播撒(dissemination)、不可决定、处女膜(hymen)、药(pharmakon)、可重复性(iterability)等。(以此类推,但何时停下?说到这里大概够了,他的"关键思想"之一就是:"还有"[and so on]及"等等"[et cetera]。用德里达的话来说:"太初有道,'还有'已在。":见 Etc.282)。这些关键术语(term)都没有终极的意义,也不是自我封闭、引向终极单一意义的目的性(teleological)论述。("术语"的英文"term"源自法文"terme",解作限制[limit];亦源自拉丁语"terminus",解作边界[boundary])。德里达把这几个特殊而"并无终点"(non-terminal)的术语,称之为一种开放式的"替换之链"(chains of substitutions)(Pos 14)。1971 年他在接受采访时强调,这些术语"并非不可分割的原子粒(atom)"(Pos 40):他们内部分裂的同时也带来其他分裂,你可以说它们都是小小的非原子(non-atomic)装置。

## 盒中的雅克(JACQUES IN A BOX)[1]

如果要严格遵循本丛书所定下来的模板、样式及文字风格,我大概会把上述的"非原子装置"及其定义,规规矩矩地放置在一个个灰色的文字盒中;这些小盒子为术语提供定义,向读者介绍术语如何形成,其形成背后的思潮背景或者相关的作者等。但不论你喜欢与否,我也不会跟从。下面我会送给你这本书唯一的小盒子,它也许框限着——继而炸开——这本书(也就是另一个盒子)的逻辑:

---

1 这里是语带双关,德里达的名字 Jacques 读起来跟 Jack 差不多。"盒子里的杰克"(Jack in a box)是小朋友的玩具,打开盒盖小丑马上就弹出来。——译者注。

盒子是什么？盒框中的文本跟框外的是完全分开的吗？它们是如何连接的？什么是边界、边缘或框架？它是内部还是外部？为什么我们要说盒子，而不称之为正方形或长方形、棺材或地下室？我们要借此隐瞒什么，而结果又隐藏了什么？"何谓盒子？"（TP 229）：这个疑似关键的问句引自德里达的《绘画中的真理》（1978）。书中他又问"何谓盒中之盒？"（TP 225），他又提出"盒内必有盒"和"盒外必有盒"的看法（231）。虽然他只是就着热拉尔·提图斯-卡梅尔的作品《特里吉特人的袖珍棺材和61幅画作》（*The Pocket Size Tlingit Coffin and the 61 Ensuing Drawings*）作出说明，但这个道理跟我们正在讨论的"盒子"是共通而 15
相关的。正如大卫·威尔斯指出："不管框架内发生或写入了什么，它同样被一系列外面的物理、权力机关和论述框架包围着"（Wills 1995,58）。盒子之所以称为盒子，无非是因为边界及其多重维度具有共谋性和重叠性，这也是德里达所说的"画框"（parergon）（参见 TP 17-147），因为框边在内容身旁（para + ergon），同时也属于其中。不只是画框或盒框，就连文本、权力机关，乃至国家和大陆版块之间的边界也应作如是观。如佩吉·卡穆夫所言：德里达是个"无视边界的思想家，或者应该说，他认为边界是可以分裂的，特别是地图上把世界分为各个民族国家的边界，以及各大洲的自然边界"（Kamuf 2002,2）。德里达在《困局》一书中（1993）提醒我们："所谓跨界，背后的假设是各种权力机关的边界不可切割"（A 11）。他宣告："海关、警察、签证或护照"等都是建基于"权力边界不可分割"这个假设；不过，边界不可分割，并非什么既成事实，它是妥协过的、不纯粹的、内部分裂的，而且是有问题的奇怪东西（见 A 11-12）。德里达就是这样以无情的洞察力和耐心，在作品中探索以上种种奇怪的"异域"和"边界以外"的况遇，其中不单涉及文学及哲学体制，更涉及更为常见的"日常问题"，包括政治、道德与责任、个人、文化与民族认同、民主与全球化、好客/包容（hospitality）和移民等问题。

## 去中心化

盒子打开了还是关上了？上锁了还是解锁了？所谓的钥匙(key)是什么？什么才是关键(key)？《钱伯斯词典》这样解释："key,形容词:重要攸关的;阐述(例如演讲等)的中心(central)思想。""关键思想"(key ideas)即"中心思想"。如前文所述,按编辑的要求,"中心思想"要在"书中间的部分"介绍。不过德里达敦促我们要警惕"中心"这个概念。我们的确不能缺少"中心"这个概念,但如果要举出德里达的"中心思想",那大概就是"去中心化"了。

以"去中心化"作为背景,我们现在可以更清楚地理解"后结构主义"和"解构主义"的意义何在。去中心化,其实可理解为对人性的主体实行去中心化,对权力机关去中心化,对逻各斯(logos)去中心化。Logos 是古希腊语,解作"字",意味着"真理"和"意义"所享有的至高无上的权威;圣经里的圣约翰福音一开始就告诉我们,
16 "太初有道(logos)"。去中心化涉及的是解构**逻各斯中心主义**(logocentrism),解构"语言的中心主义"(centrism)(TS 77)。在《马克思的幽灵》(1993)一书里,德里达为过去一百年作出总结,他指出在这段时间,"科技不可避免地造成各种非常有效的去中心化,对地球、对地缘政治、对有着本体神学(onto-theological)身份或基因遗传的人类(anthropos)、对我思故我在里面的**我思**(ego cogito)、对自恋(narcissism)所带来的困局(aporias)[1]——这种困局更是解构主义呼之欲出的主题——等作出去中心化"(SM 98)。在德里达看来,如此这般广泛发生的去中心化,特别是对 logos 的去中心化,是

---

1 aporia 一字会在本书中不断出现。它是哲学术语,可解作没有解答的困局、逻辑上的两难、困局、僵局。——译者注

值得肯定的一大好事。正如他在《省略号》(1967)一文中指出:“我们有必要为‘中心’哀悼吗? ‘中心’,不就意味着游戏(play)和延异(difference)的缺席? 那不就意味着死亡吗?”(Ell 297)在《人文科学论述中的结构、符号与游戏》(1966)一文里,德里达认为,我们应该对“‘非中心’(noncentre)作出充分肯定,而非把它说成一种失落、一种‘中心’的失落”(SSP 292)。

德里达的作品很诡异(uncanny)[1],因为他的思想几乎可说是无中生有,会随着不同议题、思想和意念而各自展开,这正是大部分人眼中的“解构”。很没谱,但很讽刺,我正准备在下一章系统地跟你详细解释“解构”是怎么回事,但我发现它已经出没并扰乱着眼下所述的“关键思想”。其实解构已经在发生。在某种意义上它的效应总已在进行之中。正如我随后会更详细地展示的那样,解构就是对“非中心”的力量的思考,但这不等于中心毫不重要。德里达认为最重要的,还是指出中心所在,描绘它,改变它。中心和结构,两者共生共在,他认为“没有中心,也就不可能有所谓的结构”(SSP 279)。没有结构的话,解构就没啥可“解”了。

## 如何避免“关键思想”

假设,我真的已经开始谈论“解构”(这是第 3 章的主题),那么,我其实也已经为增补(supplement)这个概念作出了一些说明(第 5 章的主题)。我们将会看到,德里达的所有作品都可以用“增补”(额外附加的异物,就好像本书的第 1 章)这个概念去思考(见 17
第 1 章)。本书旨在强调增补性逻辑(supplementary logic)的重要性。按此逻辑,任何单词或词组都可以转化为德里达(或其他任何

1 也有译作诡秘,由弗洛伊德发扬光大的文学术语。简言之是被遗忘、被压抑的事物重新出现,随之而来的一种陌生的熟悉感。——译者注

思想家)的“关键思想”。同时这些“关键”(key)点就好像钥匙,可以用来打开更多的思想之门,也可能封锁更多的线索。对此,德里达认为“关键思想好比钥匙(key),可以上锁,也可以解锁,可以把门打开,也可以把门关上”(LO 146)。让我先简单总结一下,一般而言,所谓“关键思想”有何特征及含义。

1.“关键思想”这个短语有一种渗透着舒服的模糊,一种令人舒服的印象主义,就好像它真的能够提供一些“粗略的思想”以供参详。

2.这个短语听上去重智轻情,仿佛德里达的思想,无论关键与否,都“只不过”是一些动动脑筋的“思想”;这些思想可令人兴奋,或令人头痛欲裂,但与外面的世界没有真实的关系。

3.所谓“关键思想”意味着,思想好比一个个盒子,可以分门别类,互不相干。每种思想都是自成体系的小盒子。

4.“关键思想”这个说法,强烈地意味着“中心”和“在场”(presence),就好像不证自明的事实在我们的脑海,触手可及,确切可感。(好像有人说:“等一下!我有个想法!”或“你看!要掌握重点,这就是关键!”)

5.这个短语通常会被理解为:思想也有主权。(“我有个想法,它属于我,是我的!”)

德里达的作品坚持不懈地质疑并扰乱了以上种种思路。他的作品毫不含糊,旨在以最清醒、最严格的眼光去回应个别的文本或情况。他的思想不管关键与否,都并非止于思想,因为它们活用于世界,更影响并改变着世界。德里达一贯认为:“解构干扰各种顽固的结构,为‘物质性’的权力机关制造麻烦;解构的作用及影响并不只限于论述(discourse)或符号表意(signifying representations)”(TP 19)。增补定律(the law of supplement)的意思就是一切互为补助,没什么“关键思想”可以完全自立,更谈不上有所谓“关键思想”。“增补”这个说法,正好可以用来说明,“没有关键的关键思想”是怎么回事:一切取决于上文下理,取决于分析的文本和处境等。

## 谁的主意? 18

正如德里达指出:“一切取决于上文下理,而脉络这回事是永远开放的,不会饱和的”(M 115)。增补、药(pharmakon)、处女膜(hymen)或其他我们在德里达作品中遇到的概念,都不是一些“在场”(present)的“想法”,更不是我们随便可以据为己有的说法。在这里,所谓增补,有着“增添、补遗”的意思。对于增补,德里达就曾经通过法国小说家、哲学家和教育家让-雅克·卢梭(1712—1778)的作品进行阐述(参见 OG)。他又以古希腊哲学家柏拉图(公元前428—公元前347)的作品阐述了“药”(希腊语可解作“解药”和“毒药”)这个概念是什么意思(参见 PP),又以法国诗人斯特凡·马拉美(1842—1898)的作品阐述处女膜(解作“处女膜”,也解作“婚姻”,用来比喻“欲望[desire]和满足[fufilment]之间的难分难解)有何意涵(参见 DS:此处为 DS 212-13)。

增补这个概念既非德里达发明,也非卢梭独创;“药”既非德里达发明,也非柏拉图首创;“处女膜”既非德里达发明,也非马拉美自创。德里达对这些概念动了不少手脚,所以我们不能说这些概念必定跟卢梭、柏拉图或马拉美的作者意图(authorial intention)有关。(不过这也不等于德里达认为“作者意图”可以置之不理,我会在本书中对此做出解释)以上种种,就是脉络永远开放、永不饱和的意思。正如德里达在《论文字学》(1967)中指出:作者所表达的意思,“比作者意图表达的,可能还要多、还要少,也许完全不同”(OG 158)。

任何作者都不能完全控制文本如何被解读。我知道大家巴不得可以参加“德里达关键思想快速游学团”,在导游带领下饱览“关键”,但我要忠告一下:德里达在《论文字学》中分析了“作者盲目”(authorial blindness)这个概念的逻辑,其中最为“关键”的一点就是,当代的读者,甚至德里达本人也未必可以知道所谓“德里达关键思想”是什么。如果德里达真的成功地把卢梭的“关键思想”(先
19 不说我们对这种说法有所保留)定性为“增补”,那么我们就大可以合理假设:德里达的某些“关键思想”要一百年甚至几百年后才会得以厘清。

# 3



# 解构大地震

我们先回顾一下“为什么是德里达?”这个问题的“答案 1”。我认为德里达的作品比任何其他当代作家,都更能描述和改变我们看待世界的方式,也影响着我们对生命、死亡、文化、哲学、文学、政治等议题的看法。但所谓“描述和改变”,听起来好像容易理解,其实当中或有神秘隐晦的地方,所以我还是想增补一下。你也许会问,描述和改变之间有什么关系?两者肯定是对立关系吧?去形容一件事情(不管它是生活、文学文本、政治局面),事情本身当然先于描述而存在。描述就是对事情原来的面目进行陈述,这与改变或改造是两码子事。声称文本或文字可以带来改变,听起来确实莫名奇妙。文本根本没有生命,它们只是印刷品吧?

## 描述和改变

“文本”在德里达的作品中有着特殊的意义,但我倒想先谈一下“描述和改变”这对怪胎,同时走进德里达思想的核心。长久以来,德里达对“言语行为理论”(speech act theory)非常感兴趣。可
22 以说,这份兴趣贯穿他所有作品及各种公开发言。直到 1971 年 8 月他在蒙特利尔演讲,他才正式大篇幅地阐述这个理论,相同的内容后来发表为文章《签名事件语境》(SEC)。当今有关言语行为理论的讨论或有其多元的研究路径,但谈到这个理论,不得不提及在牛津大学任教过的哲学家 J.L.奥斯汀(1911—1960)及其名作《如何以言行事》(*How To Do Things With Words*,1975 [1962])。奥斯汀的作品贡献甚巨,他认为我们所有的说话(utterance)和言语行为(speech act),换句话说,就是我们宣之于口的一切,都可分为以下两个类别:表述性言语行为(the constative)和述行性言语行为(the performative)。

表述性言语行为,顾名思义,就是表述显而易见的事实。因此,直白而不转弯抹角的描述性陈述,都可视为表述性言语行为。例如“我正在写一本关于雅克·德里达的书”或者“您正在阅读这本书”等陈述,都是表述性言语行为。另一方面,述行性言语行为则显著不同,其例子包括:许诺、威胁、祈祷、忏悔、祝福、诅咒、挑战、赌博、宣战或示爱、伊斯兰教的宗教裁决(fatwa)或圣战(jihad)、命名(为孩子洗礼的时候,或船只起航的命名仪式)或建国行为(例如法理上及历史上令美国独立的《独立宣言》)。述行性言语行为不限于描述,它有改变的作用,至少它有改变的尝试。奥斯汀以迂回但精确曲折的文体写道,在述行性言语行为的情况下,“当我们发言的时候(在适当的情况下),我们不止在形容事物,也不单止在以文字形容我们宣之于口的任何行动,也不止是在描述我们正在做什么:发言,就是行动”(Austin 6)。如果在婚礼的某个时刻,我说“我愿意”,不管未来的阴晴圆缺,原则上我已经在承担某种终身

的责任：事情永远改变了。如果一个国家对另一国宣战，这也是述行性的：这个述行性话语转换、改变了事件的方向，它也促使两国进一步行动和作出反应。

我之前说过，我认为德里达的作品比任何其他当代作家，都更能描述和改变我们看待世界的方式，当时我脑海里浮现的，正是表述性和述行性之间的区别。一方面，德里达以巨大的耐心和巨大的欢愉（虽然也烦死了不少人）去描述和解读特定文本的境况。他是一个精准无比且忠实敬虔的读者。德里达对不同文本的解 23
读——例如柏拉图的《斐德罗篇》（*Phaedrus*）及其他作品（参见PP），莎士比亚的《罗密欧与朱丽叶》（约1595）（参见AC），卡夫卡的《法律门前》（1914）（参见B），弗洛伊德的《超越快乐原则》（1920）（参见SF）或《美国独立宣言》（1776）（参见DI）——很多时候都似乎只是如实描述。如果这就是我们所要的，又或者，如果事情如我们所愿如此简单，我们就更需要读德里达了：他是个尖锐而细心的读者，也是个犀利的文本诠释者。德里达的作品不易读，这早已是外行人或师生之间的老生常谈，但事情总有好的一面。名著本来就不易读，谁会自欺欺人，说柏拉图、莎士比亚或弗洛伊德“易读易懂”呢？对此，德里达为读者提供了巨细无遗、认真谨慎的解读，有助于读者了解伟大程度不一的西方正典。另一方面，他的解读突破常规，例如朱丽叶在阳台上的讲话（“罗密欧，罗密欧，为什么你偏偏是罗密欧？……姓名本来是没有意义的？”[1] [2.1.75-91]）经德里达解读后就平添新义。其他德里达批读过的例子包括柏拉图的《斐德罗篇》（参见PP）、弗朗西斯·蓬热（1899—1988）的诗歌（参见S）或詹姆斯·乔伊斯的《尤利西斯》（1922）（参见UG）。

---

1 中译取自《罗密欧与朱丽叶》，莎士比亚著，冯杰注释，朱生豪译，外文出版社1999年版，353-354页。——译者注

## 定义解构

所以德里达描述世界,也改变世界。他最为人所共知的关键词“解构”,正好可以通过奇怪,甚至是意义矛盾的“言语行动”(描述的同时带来改变)得以厘清。值得留意的是,德里达本人对“解构”这个词不抱好感。他在 1980 年论文答辩时说道:“解构这个词我从来就没有喜欢过,这个词如今的际遇让我感到惊讶和厌恶”(TTP 44)。他如此不满,可能是因为在 1970 年代末和 1980 年代(尤其是在美国),解构被理解为一种批判思考的方法和工具,当时所有人说到解构,言必及视解构为一种“主义”的“耶鲁学派”(Yale School)(有关评论可参考 Arac, Godzich and Martin 1983; Davis and
24 Schleifer 1985)。当代批评家和理论家马丁·麦克奎兰认为“解构不是一个学派,更不是什么‘解构主义’。根本没什么‘解构主义’,这个词只有白痴才会用”(McQuillan 2000,41)。要写一本关于德里达的书,其实不一定要提到“解构”,不过要是这样,你一定觉得自己上当了。因此,在这里我提供两个字典式的定义供你参考。首先,根据 1989 年版的《牛津英语词典》:

> **解构**(deconstruction)[f. DE+CONSTRUCTION]
>
> a. 使某事某物的建立被撤销或无效化。
>
> b. 哲学和文学理论。一种批判的策略,一般认为和法国哲学家雅克·德里达(生于 1930)有关。这种策略旨在揭发一些未经批判就被广泛接纳的形而上假设(metaphysical assumption),同时揭露哲学和文学语言中的内部矛盾。

下面是较为新近的定义,但你应该可以从它的出处猜到,它不是词典条目:

> **解构** 名词 非你所想：不可能的经验：有待思考的东西：早已运作于“事物本身”、制造不稳定的一套逻辑：确立身份，同时令身份有异于自身的东西：幽灵(spectrality)的逻辑：一种理论和实践的寄生主义，或称作病毒学(virology)：发生于今天社会的一切，政治、外交、经济学、历史真相等：未来的开创。
>
> (Royle 2000,11)

我先搁下这些定义让你思考一下，不过你可留意上述两个定义都是复数的。用德里达的话来说，“解构”这种奇奇怪怪的事件(event)本来就没有“单一定义”，更不能作“充分说明”，个中原因“更不是因为解构鼓吹‘反启蒙主义’(obscurantist)”(ATED 141)，而是关系到一种新启蒙主义(new enlightenment)。值得留意的是，第一个来自词典的定义针对的是“哲学和文学语言”，而第二个由我提出的定义则指出，解构无处不在，并不限于文学或哲学领域和语言领域。

德里达经常说，解构就是各种“出事”(“*ce qui arrive*”：参见，例
如 SST 85；TS 64)。他早于《力与义》(1963)一文(其后亦在不同场 25
合)指出，驱使他写作的是一种好比“抖震”、“摇晃”、“诱求”的力
量(FS 6)。他一次又一次以不同字眼提到，“要产生一股散布于整
个系统的错位(dislocation)之力”(FS 20)，把解构说成一种“去沉
积化”(de-sedimentation)(OG 10)、一种“[扰乱]整个既有秩序”的
力量(Pos 42)。换言之，解构是场大地震。

## 震波通信

地震可见诸于小小的裂缝,丝丝的抖动。而解构大地震的震波,涉及最琐碎的细节。解构式地震所引发的山崩地裂,其影响波及广远,但终究发生于特定的时空,特定的处境,发生于特定的上文下理。从历史和谱系学的角度,德里达论述里的“解构”深受尼采(1844—1900)、弗洛伊德(1856—1939)和海德格尔(1889—1976)等人的作品影响,彼此息息相关(在第7章我会进一步讨论)。不过这种“影响论”可能已经误导了读者,因为解构总是小心翼翼的,特别是对名字和称谓的处理。在《论文字学》(1967)中,德里达就写道,“我们不能轻率地把‘笛卡尔’、‘莱布尼茨’、‘卢梭’、‘黑格尔’等‘人名’理解为一些作者的名字;相反,它们只是一个个难题”(OG 99)。这也是编写这本书如此棘手的原因之一。即使有违解构本意,我也不得不就“德里达的作品”或“德里达概略”等题目泛泛而谈;希望你可以了解,这是一种吸引读者,令他们继续深掘在不同文本和语境下“德里达作品”有何意义的手段。在1993年的一个采访中,德里达说:

> 解构大展身手的活动范围不限于[一个作家]的作品总体(corpus)之内,解构时常在一个句子之内,甚至在作品肌理中那微生物般极细的组织之内,已经可以进行各种划界,宣示各种意旨。解构不信任专有名词(proper name),它不会说“海德格尔一般会说这说那”,它不相信所谓的普遍性、硬道理和假定的状态。相反,它会着手处理显微学(micrology)视角下,海德格尔作品中的不同时刻,各种概念的应用程序,各种并行不悖的逻辑(concurrent logics)。解构是场大地震,一次普遍

> (general)的大震动,而且不可止息。我不能把作家的作品或 26
> 一本书当作一个整体来处理,连那最简单的陈述也有裂变(fission)的可能。
>
> (TS 9)

即使看起来最简单的陈述都有裂变或分裂的可能,因为解构作为不稳定的力量,一直在事物的体内潜行不止。“原子(atom)并不存在”(Dia 137),这是德里达最简洁、最安静、最隐藏着爆炸性的表述之一;一切可分可解。统一性、连贯性、意义单一性(univocality)等都是分解及分解性的产物,于是产生了延异(differance)、可重复性(iterability)、踪迹(the trace)、增补(the supplement)等用语和论述。对此,我们会逐一探讨。

于是,我们大可以说,德里达的作品关注的是各种地震现象,或“震波主义”(seismisms)。(他其中一篇最难以消化的文章标题就叫作“有关造字主义、新主义、后主义、寄生主义及其他小小震波主义的一些陈述和老生常谈”[SST])他的作品撼动、重置和改变口语的、观念上的、心理学的、文字的、美学的、历史的、伦理的、社会的、政治和宗教的各种景观,旨在打乱、去-沉积(de-sediment),同时解构(deconstruct)它们。不过,不得不提的是,这些产生效应的地震波动早已发生在德里达分析的文本当中了;换言之,他只是在形容已发生或正在发生的事情。如上文所说,描述与改变之间有着共生的关系。德里达说:“一切都可以在莎士比亚……在柏拉图……在卡夫卡的作品里找到”(TSICL 67)。这无疑使事情听起来太形式主义,仿佛解构(或者德里达的所作所为)就只是一种简单的技术或方法。但事实并非如此。“描述”和“改变”之间的关系是诡异(uncanny)的。解构非常诡异。(有关解构与诡异的深入讨

论，可参见 Royle 2003）

那诡异的陌生感来自“描述还有改变”之间的连接词：“还有”（and）。德里达在一篇以“还有”（and）为讨论对象的文章中指出：“‘还有’是什么意思？与‘还有’无关的又是什么？这个词可以用来做什么？它又做不了什么？这些大概就是一直以来解构要应付的任务”（Etc. 285）。去密切留意“还有”的解构效果（也可当成是一种增补逻辑）。我们同时需要考虑到，描述和改变之间的关系是不稳定的。同时，表述性与述行性之间的关系也是不稳定的，“两者的结构之间有着不可决定（undecidabiliy）的东西”（DI 9）。就以
27 《美国独立宣言》为例，该宣言由托马斯·杰弗逊（Thomas Jefferson）起草，“经美国国会的代表以各殖民地善良人民的名义，并经他们授权”而签署。最令德里达感兴趣的，是他认为“我们其实不能决定，这个宣言是否是纯粹的陈述，抑或是在制造美国独立这个事实”（DI 9）。他希望读者以这样的思路去理解自己的作品，正如他一直受到一种欲望所鞭策：

> 那是以书写这个行动的形式去创新的欲望，这种书写形式不再由理论性的知识以及另一些表述性的陈述所造成；这种欲望令人把自己交托给一种文艺如诗的述行性（poetico-literary performativity），这种述行堪与宪法或法律媲美，它可以产生各种规例或承诺，甚至在改变语言本身的同时，作出超越语言的改变。
>
> （TSICL 55）

德里达所表达的，是描述和改变的欲望，以预先不可决定的路径，落实前所未闻的论述、行动及体制。但要达到目的，不但需要用到

语言,更涉及"那超越语言"的东西。这的确是德里达最初对"解构"的定义:"*plus d' une langue*——解作'超越语言',也解作'不再单一的语言'"(M 15)。

文本所说的(或作者想说的、或作者以为自己在说的),与文本实际上所产生的影响,两者之间总是有无数差异、紧张和矛盾。德里达最感兴趣的,是奥斯汀在《如何以言行事》的讨论中所指认出来的僵局和局限,反而比他本人的各种论点更有建树(SEC 14)。德里达从奥斯汀作品里解读出这个结论:"述行性言语行为不可能是'纯粹'的"(SEC 17)。每次述行性言语行为都有失败的可能,这一点,在"许诺"这个语言行为的例子里,可以清楚看到。虽然我答应(并特此郑重承诺),在适当的时候为您讲解德里达在作品里如何阐述"文学"、"礼物"、"签名"、"法律"、"秘密"和"药物"等术语,但理论上,我绝对有违反诺言的可能,我更有可能是在说笑话,或者是在说谎。这些承诺之所以没有兑现,有很多可能性(有可能书还未写完我就离世,或在你读完之前你过世了,又或者我只是在 28
招摇撞骗),但这些可能性都不是偶然和"无关宏旨"的,反而,它们是不可或缺的可能性。

## 笑料

承诺之所以为承诺,条件是它绝对有不兑现的可能,这是结构上不可或缺的可能性,否则承诺便不算是承诺了。同理,述行性言语行为也不是"纯粹"的行为,其"失败"也不是所谓的意外,反而这种失败其实是为述行性言语行为创造了必要的条件;述行性言语行为被各种"思之不能"(the unthinkable)的鬼魅缠身;简言之,它被"死亡"的阴影笼罩。德里达在其他文章中把这种"结构上必然存在于'许诺'这个行为之中"的东西称之为一种"无可挽回的干扰或错乱”(irremediable disturbance or perversion);同时德里达认为,这种内部的骚动能够解释为什么“每个承诺听起来总是有点令人难以置信和滑稽”(M 94)。

虽然德里达“极其严谨和极其认真”(LI 65),但他也有风趣好玩的一面:不少人更为此被他激怒。我们很难感觉不到,他总是用文字来作怪:语言落在他手上只好变成一堆笑料。借用他对精神分析的见解,我们大可以说,情况就像“某种外国势力在我们家门口使用我们的语言”(F xxv)。而德里达本人认为,奥斯汀在《如何以言行事》中的论述,被各种结构上不可或缺的可能性——各种“不认真”(Austin 22, SEC 16)——的鬼魅缠身,而这种种“不认真”的可能性,对奥斯汀来说,竟然几乎等同于**文学**:小说、戏剧或甚至是(这是最奇怪的例子)诗歌。所以奥斯汀写道,当他说“我承诺……”的时候:

> 我当然要认真地说,才会有人相信我是认真的。虽然有点笼统,但当我们谈及尝试诠释某句话或某次发言是什么意思的时候,认真大概是人所共知的一个标准吧。不可以嬉皮笑脸或说笑话,当然这也不是吟诗作对的时候。
>
> (Austin 9)

29 奥斯汀的论述似乎有意排除“不认真”和“诗意”的元素,但德里达偏偏借此指出,奥斯汀自己在作品里已经实践了这些元素,虽然奥斯汀自己对此的看法有所保留。

德里达倒没兴趣挖苦奥斯汀,他知道后者不单是个迷人、深刻、具有独创性的哲学家,而且和他一样,在各方面都机智幽默。德里达主要关心的,并不是各种“以言行事”是否成功落实;他的兴趣反而是言语行为理论中所处理的各种失败、弱点、不规范的东西、被理所当然地排除或被当作“不合适”的东西。他最着迷的往往是最强有力的、“足以令人缴械的一种弱不禁风”(TSICL 59；参见 TS 64)。如果“有可能失败”是述行性言语行为的必要前设，那么，各种干扰或错乱就是必然了。所以德里达一反“传统”，提出他自创的新观点：畸异述行(perverformative)(参见，例如 E 136)。奥斯汀认为言语行为理论是一种“哲学的革命”(Austin 3)，德里达当然同意这一点，不过对德里达来说，这不只是一场革命，它是一场“畸异的革命”。

每次语言的述行都是阴森而畸异的，充斥着各种“思之不能”或“死亡”。德里达旨在为述行行为建立新理论和新实践，这种新思维可以“令人们不再视述行为一种‘在场’”(LO 146)。而在后面的章节，我们将要会更详细的看到，解构的地震效应是鬼魅(ghostly)而真实的。

# 4



# 拥抱自由吧

想象一下,墙壁上某处的涂鸦写道:“拥抱自由吧”(BE FREE)。这几个字为德里达所说的双重束缚[1]提供了一个引人注目的实例(TNOF 203)。作为一项命令,“拥抱自由吧”叫你“自由”行事,也就是叫你“不能自由”:跟从命令的话你就不自由了。你是自由的,你做什么都可以,只要你乖乖听我的话。快,你一定要自由!但事实是,这是个命令吧?发号施令的“我”又是谁?而移植到你眼前的书页上、那想象出来的一句墙上涂鸦,又是写给谁看的呢?文法上来说,“拥抱自由吧”是祈使句。正如《如何以言行事》的作者奥斯汀指出,“‘祈使句’可以是命令、要求、请求、恳求、提议、建议、警告……或可以用来表达条件、让步,或提供定义”(Austin 76-7)。

---

1 双重束缚(double bind)是指沟通信息中,同时含有两个相互对立的信息,令接收信息者无所适从,听从任一信息都会犯错。如果个体长期处于双重束缚的信息之中,将出现精神分裂的症状(引自:http://terms. naer. edu. tw/detail/1315251/)。——译者注

“拥抱自由吧”：在什么情况下读到这句话，我们会因此立刻得到自由呢？或者，在哪种意义上，我们可以有足够的自由去阅读这句话呢？“拥抱自由吧”：我想请你把它当作德里达的关键思想之一，因为这句话表达了他对“尽责的无政府状态”（responsible anarchy）的承担。这种承担意味着对“责任”这个概念没完没了的质疑，也令我们不断质疑让“无政府状态”（“anarchy”一词派生自古
32 希腊语：*anarchia*，解作“无领袖”、“无法律”）成为可能的法律概念：见 DO 120-1。德里达的写作驱动力源自他对革命和变革的渴求，即使那是“难以想象的革命”（SM 82）。正如他在那篇《暗夜中写下的论文》——《马克思的幽灵》（1993）里强调，“这个世界的走向，糟糕透顶”（SM 77-8）。

要创造不一样的世界是可能的。一切都可以重新思考，包括：政治、道德、宗教、文学、哲学、文化、社会、身份、主体性、民族主义和国际主义。大家都有各自的自由，“拥抱自由吧”，朋友！这也就是他所说的“将临的民主”（TSICL 38，OH 78）、“新启蒙”（ATED 141，DA 37）和“新国际”（new international）（SM 85-6）。

但非常矛盾的是，德里达同时也毫不掩饰，他是个保守的思想家这个事实；他希望“维持原状”及保存记忆。他钟情于历史，敬重传统及各种所谓西方文学和哲学正典。这是种双重姿态：一方面是“解放、反抗、讽刺”；另一方面是“一丝不苟的忠诚”（TS 43）。他说：“我乐于看见，解放的同时可以保留各种压迫的记忆。我希望我的一言一行都展示着这种对学术遗产和传统的尊敬和不敬”（TS 43）。这种双重姿态（尊敬和不敬、忠诚和侵犯、保护和解放、描述和改变）反复出现在德里达的所有作品中。

## 重塑游戏

“拥抱自由吧”:这可能令人联想到德里达提出的“自由游戏”(free play)。德里达以其“令人眼花缭乱的炫技文本表演”及其中产生“颠覆性影响”的“文字自由游戏”而广为人知,这些形容词都不是引文,我只是在重提1980年代英语学术界,一些有关德里达的老套描述。“文字自由游戏”一说也并非出自德里达之口。他的重点反而是:根本没有纯粹的自由或游戏,而语言与非语言的区别也比传统的理解更为复杂和古怪。德里达对语言的本质和可能性当然有兴趣,这也使他一直沉迷于“语言的他者”(other of language) 33
(FS 27)这个概念,他认为他者可以“超越语言,召唤语言”(DO 123)。

德里达的写作不缺创造力,他的文字甚至试图“重新发明一种‘打破传统的方式’”(PIO 60),其写作“形式”、“风格”和“内容”都异于常人(不过他的作品对这些“标准”的价值及内容都非常怀疑)。“游戏”对德里达来说可不是儿童的“单纯玩乐”(EO 69),儿童可不会理解“游戏”中的“高度风险”,因为德里达尝试“把游戏激进化[…],游戏不再是主体根据规则操弄其他客体这么简单”(EO 69)。德里达的独创性在于,他认为语言不只是人类的“特权”,而所谓的打破传统,背后“不应再先验(a priori)的假设有所谓的人兽之辨”(PIO 64;也参见ATED 134)。

法文的“游戏”(jeu)比英文的同义词“play”多了“给予”(give)的意思。要理解德里达视野下的“游戏”,我们不应把它理解为:

> 一种嬉笑打闹。通过游戏,我们可以在建制的机器的隙缝间,为历史,为进步(或因此带来的后果)行动和发声。这种

> 游戏的玩法有时令建制的机器正常运行，但如果肆意发声，不受约束，有可能造成社会异常或令机器变得病态和出现故障。
>
> （TSICL 64）

德里达在经典论文《人文科学论述中的结构、符号与游戏》（1966）的结论中指出，“游戏”就是对“在场”的干扰，游戏当中“没有安全保障”（SSP 292）。因此，如果我们认为德里达只是在玩文字游戏，我们要搞清楚，这并非一般意义上的嬉戏。“文字游戏”何止是“文字游戏”（LO 80）。在《论文字学》中，德里达如此主张：“因为某些重要的原因，[逻各斯中心主义]一直暂停、压抑我们反省写作起源和地位的自由，更把这种自由放进括号之内”（OG 43）。德里达于是通过游戏，开辟了“自由反省”的可能。“拥抱自由吧”，我们有读到这句话和读懂这句话的能力吗?

34 德里达最为关心的是推动改变，务求“令[法国]的语言受到冲击”（MO 51）。相应地，随着他的作品在英语世界被翻译和接受，英语也难免因此受到冲击。他的作品体现并散发着革命的渴望：以写作和阅读“改变语言的同时，更要改变语言以外的东西”（TSICL 55）。但同时，他的作品体现了他对保留记忆和传统的渴望。所以，如果你读德里达是因为他的文字游戏，你要谨记，你可能适得其反。德里达就曾大胆直言：“我厌恶所有语法错误”（TS 43），他又认为，在他“文字游戏”最多的作品《丧钟》里，“一句语带双关的修辞都没有”（Pro 17）。他甚至梦想成为法语“最后的继承人、捍卫者和绘图师”（MO 47）。

## 新启蒙

在德里达的作品中，“拥抱自由吧”（用更放肆的法语来说就是：*libère*，“你们解放吧，解放你自己和其他人：参见 OH 60）跟民主的思考是密不可分的。正如我一直在努力表明，要理解“拥抱自由吧”是什么意思，我们必须同时参考法律，即使这个说法有点自相矛盾，而且可轻易被解构。德里达写作背后的动力，源于他本人对“政治学上称之为共和民主（作为普世模式的民主）的渴望；共和民主把哲学运用到公共事业之上”（FK 8）。同时他致力于维护他称之为“新启蒙”的思想。所谓新启蒙，虽然秉承欧洲启蒙运动或伊曼努尔·康德（1724—1804）哲学所说的 *Aufklärung*，但它所声称的步伐（step）、步态（gait），当中所涉及的步骤、过程和“方向”（bearing）（德里达在此处使用的是 *démarche*；参见 AT 60）都跟启蒙运动截然不同。德里达作品的“基调”及论点都透出一些末世的意味。德里达的末世主义旨在强调：在末世论述的架构里“脱轨”（derailment）早已发生（关于脱轨，可参考《马克思的幽灵》[SM]里，德里达对弗朗西斯·福山的著作《历史的终结》[1992]的详细分析）。

德里达的末世不是蒙昧主义，而是光，需要更充沛的光（虽然 35
这是谜一样的欲求）。德里达在他的杰出论文《末世的腔调》（文章为 1980 年的演讲讲稿）里这样写道：

> 在今天的阳光之下，我们不得不继承好比光芒（Lumières）的启蒙主义者[例如康德等人]。我们不能，也绝不可以放弃启蒙（*Aufklärung*——这是命运，这是天规——换句话说，我们不可放弃那迫在眉睫的神秘渴望——渴望那黑暗中的守夜祷告，渴望光明，渴望批判和真理；这种真理同时包含着一种对末世的欲望，一种对澄明与神启的欲望，这是因为它要解构末世话语本身，解构一切对神显（vision）的猜度，解构将临的末

> 世、神的显现(theophancy)和神的再临(parousia,古希腊文解作:"在场"或"到达",尤指基督的第二次再临),解构最后审判。
>
> (AT 51)

德里达在这里指出,解构有别于"以启蒙主义的方式所产生的、简单而只求进步的去魅化(demystification)"(AT 60)。他希望质疑和扰乱各种目的论(teleology)(各种以终极目的[telos]为本的想法;telos在古希腊文中解作"进步"、"目标"和"目的")以及各种目标明确的所谓"进步"。他在另一篇文章亦指出,"目的论归根到底是一种对未来的否定;它规定了我们未来的路向"(TS 20)。

## 解构中的信念

与目的论相反,解构主义是一种"没有终局的奇怪策略"(O 7)。它鼓励我们质疑所有宗教或政治论述对"在场"的本质,以及各种以"目的"为名所假设出来的教条主义。德里达为新启蒙主义摇旗呐喊,他赞扬"公共空间体现出来的启蒙之美,更把这种启蒙的美德从所有外部(非世俗、非现世的)力量中解放出来,这些外部力量包括:宗教上的教条主义、正统或权威,也就是从世俗之见(doxa)[1]或信仰(belief)之中解放出来(不过,所谓信仰,并不能囊括所有信念[faith])(FK 8)。

德里达对"信念"有着激进的想象;他强调"信念不一定要与宗
36 教或神学画上等号"(FK 8)。他特别对"语言的信念"(MO 85)感兴趣,特别是这种信念的本质及带来的影响。这种对语言奇怪的

---

1 doxa在不同论述和理论家的眼中有不同意义,这里的翻译采取皮埃尔·布迪厄(Pierre Bourdieu)的用法,指社会主流意见或不证自明的所谓常识。——译者注

忠诚,即使在“伪证、说谎或各种不忠诚”的情况下,依然会作为一种前设而存在。正如德里达指出:“我不能在不相信语言,或不装着相信语言的情况下去说谎”(MO 85)。(要了解更多关于说谎、伪证等概念的重要性,可参见,例如 Dem 和 WA。)不论你说的是真是假,语言本身与信念有关。信念作为一种“奇怪的诺言结构”(a strange structure of promise),鬼魅般困扰着我们所有的言语。在德里达看来,我们无论如何都要认真看待一个事实:“语言不是说话者(或主体)可以支配的工具”(M 96)。与其说我们作出承诺,不如说承诺本身模塑出“我们”。他确信,“只要我们张开口,我们就难免已作出某种承诺”(M 98)。换句话说,“没有不作出承诺的话语”。我们讲的一切,都不可能不带着“一种对未来的承担”(M 97)。所谓承诺,关系到一种理解自由的新思维:这种新思维超越任何传统政治或宗教,它先于后者而存在。德里达把这种新思维称为“反叛的肯定”(a rebellious force of affirmation),它承诺我们,要把我们从各种“解放的词汇”中释放出来,因为这些所谓的解放的词汇“所隶属的政治语域(register),总是被作为指涉性身份(referential identity)的‘人’、‘自我’甚至‘身体’的价值观念所支配”(V 163)。

“拥抱自由吧”:要为德里达的作品作出格言式的总结,就必须以独特的方式去思考末世(the apocalyptic)和救世(the messianic)。他的作品末世色彩浓厚(提醒一下大家“apocalypse”的词源。在古希腊语里,这个词意味着“揭幕”或“启示”),但德里达的末世主义质疑所有终结、目的和目标,它对所谓末世启示是警惕的。事实上,它关心的东西,与“那圣幕背后的人物以及那块作为喻体的帷幕(veil)本身完全无关”(MO 73)。(这涉及一种对秘密和保密的新思维。在下面的章节我会再解释。)相应地,德里达作品有着浓厚的弥赛亚主义色彩,但那是一种“去宗教化的弥赛亚主义,更甚者,它是一位没有弥赛亚主义色彩的弥赛亚”(SM 59)。他的弥赛亚主义,跟他眼中的“承诺”,也就是开天辟地的“反叛的肯定”是分不开的,当中也涉及“作为结构形式(formal structure)的承诺”;这种承诺不但“超越”了马克思主义和马克思主义所批判的宗教,它更先于后者而存在(SM 59)。值得注意的是,在这种情况下,承诺这个概念并非一种解构,但我们倒可以说,它使解构成为可能。德里达说:“那些不能被解构所分解的东西,大概就是某种解放的承诺,它跟作为可能性的解构一样,是不能被进一步解构的”
37 (SM 59)。“解放”这个词的词源,解作“掠夺”(dispossession)。“解放”的英文“emancipation”源自拉丁语 *ēmancipāre*, *ē* 解作远离, *mancipāre* 解作财产转让。言下之意,在解放的承诺出现之前,世上并没有所谓的主体,也没有名为弥赛亚的救世主,没有承诺者,也没有被许诺的人。换言之,解放作为承诺,先于任何所谓财产或盗窃等概念。

## 到来(COME)

解构跟其他“启蒙思想”的不同之处,大概是两者对腔调(tone)有着不同的侧重。德里达的作品最精彩的段落之一,要数他在关于末世腔调的文章结尾处对“come”所作出的沉思(AT 62-7)。在这篇文章里,他分析“come”这个英文词如何在启示录(圣经的最后一书)中产生意义。“come”这个词不断在整篇启示录里来来回回地出现,有时“正在到来”(coming),有时“进来”(coming in),有时“回来”(coming back)。为什么会这样?我们应该怎样理解这些“到来”?例如,“上帝证明这事的说:是了,我必快来(Surely I come quickly)。阿们!主耶稣啊,我愿你来(Even so, come, Jesus)!”

(启示录 22:20;引自 AT 64)。[1] 德里达对“come”的讨论——“如果它算是一个词”(AT 62)——向我们证实了德里达最持久且根本的关切,那就是声音中的鬼魅(ghostliness)。

许多批评家和读者认为,德里达一谈到书写(writing)总是没完没了,同时他们又误以为,德里达对于(一般认为是)书写的反面,即声音(speech),是非常不满的;他不是曾经大费周章地批评“声音”吗? 他批评以声音和语音为本位的“语音中心主义”(phonocentricism)在“形而上学的历史”里一直以牺牲和贬低“书写”来获得特权(SP 16)。德里达在《论文字学》、《声音与现象》里就曾经解构让-雅克·卢梭(1712—1778)、费迪南德·德·索绪尔(1857—1913)、埃德蒙德·胡塞尔(1859—1938)和克劳德·列维-斯特劳斯(1908—2009)等人的作品里语音中心主义的部分,并指出“语音中心主义如何与历史决定之下的存在(being)合二为一,成为一种在场”(OG 12)。但德里达着重的是“在场”的“神秘”面向(参见 OG 70),而“神秘”的个中原因,是因为**声音其实并非书写** 38
**的对立面**。他着迷于“书写和声音之间的……陌生空间”;我们有“幻觉以为书写和声音互不相干”,这种幻觉给予我们一种“宁静的熟悉感”,而德里达对这种感觉以外的一切事物,都神迷不已(Diff 5)。其实,只要你曾经在研讨会、演讲或其他圆桌讨论中听过德里达讲话,你一定会知道,他是一位滔滔不绝的讲者。在采访中,他坦言“写作并没有为他带来很多乐趣”,写作甚至令他“有种切身的厌恶感”(TNON 196)。在其他场合他更表示:“有些人太着急了,他们把我想成一个独尊写作、对声音(voice)不感兴趣的人。

---

1 第 22 章 20 节的前两节为:18.我向一切听见这书上预言的作见证,若有人在这预言上加添什么,神必将写在这书上的灾祸加在他身上。19.这书上的预言,若有人删去什么,神必从这书上所写的生命树和圣城删去他的分。(中文和合本)——译者注

显然,这不是事实。我感兴趣的是声音中的书写,亦即作为差异性震荡(differenial vibration)的声音”(Dia 140)。

声音就是一种差异性的震荡。这个概念,恰恰与德里达谈论末世腔调的一篇文章大有关系,在文章结尾他对“到来”(come)作出沉思。“到来”在英文和法文(*Viens*)的语境里有性的意涵。我们不要忘记,德里达把“差异性的震荡”定性为一种(性)/幸福,或所谓的“绝爽”(*jouissance*):“于我而言,差异性震荡是应对欲望的唯一形式,也是唯一的幸福……如果有所谓生命的幸福,当中怎可能缺少差异性及多样性呢?这是不可思议的”(Dia 137)。我们可能还记得“到来”与承诺之间的关系,正如德里达在他有关玛丽-弗朗索瓦丝·皮撒的情色“照片小说”(photo-novel)《审查的权利》(1985年在法国发表)中提到,“欢愉将一定达到高潮,不会有错。难道你没有因为承诺的兑现而“来”(过高潮)吗?除了这个,你有享受过其他什么的吗?”(RI, n.p.)这样说,我们就不会诧异“come”这个词是如何有力且鬼魅地出现在浪漫主义的文本之中,例如莎士比亚的《安东尼与克莉奥佩特拉》(1606—7)或艾米莉·勃朗特的《呼啸山庄》(1847)。我们先看看勃朗特的《呼啸山庄》里这诡异(uncanny)的一幕:洛克伍德(Lockwood)目睹希克厉(Heathcliff)呼召早已死去的情人:

> 他登上了床,猛力扭开格子窗,一面推开窗子,一面迸出不可抑制的热泪。
>
> “进来吧!进来吧!”(Come in!come in!)他哽咽道。“卡茜,快来吧(do come)。啊,你再来这一回吧!啊,我的好心肝

儿！**这一回**你就听我吧！[1]

(Brontë 1990,23)

“来”(come)鬼魂般地从头到尾缠绕整本小说(正如它更带乡愁地
缠绕凯特·布什的名曲),或者更确切地说,从故事开始之前已经 39
“来”了。这也是这个小说的“来”源,也是对“到来”的一个回应。

## 莎士比亚和不可能的经验

要研究莎士比亚作品里的“come”,得写另一本专著来探讨,但我们或许可以在安东尼和克莉奥佩特拉死前听到这个关键词如何欣喜若狂、掷地有声地出现。安东尼准备伏剑身亡时说:“来(come then),正像登上恋人的卧床一样(as to a lover's bed)”(4.15.101),片刻前他又说:“我来了,我的女王！……等一等我。/在灵魂们偃息在花朵上的乐园之内,我们将要携手相亲/用我们活泼泼的神情引起幽灵们的注目”[2](4.15.50-2)。(《诺顿莎士比亚》[*The Norton Shakespeare*]的编者认为我们大可把佳句“sprightly port”[活泼泼的神情]翻译成粗劣的“cheerful stance”[欢快的马步];我想,我们大可细细琢磨句中的遣词造句,它令人联想到 step[步伐]或 gait[步态],幽灵[the spectral]和肯定性的力量[the affirmative],这些东西跟《呼啸山庄》里的阴森[the ghostly]“行程”[walking],以及前文提到的解构主义所采取的步伐、步态和方向有着异曲同工之妙)当克莉奥佩特拉(埃及艳后)准备自杀的时候,她宣称:“我仿佛

---

1　中译取自:《呼啸山庄》,[英]艾米莉·勃朗特著,方平译,上海译文出版社 1989 年版,第三章,34 页。——译者注

2　中译取自:《裘力斯·凯撒 安东尼与克莉奥佩特拉 泰特斯·安德洛尼克斯》,朱生豪译,上海古籍出版社 2002 年版,223 页。——译者注

听见/安东尼的呼唤；我看见他站起来，夸奖我的/壮烈行动[…]我的夫，我来了！”[1]（5.2.274-8）。当她揪起毒蛇，正要吻它的时候，说：“你们好了吗？/那么来，接受我嘴唇上最后的温暖”（5.2.281-2）。无论如何，她口中的“来吧”都是生气勃勃（sprightly）同时鬼气森森（spectral）的自说自话，又或者，她是在对不在场的某人，或被认为已死亡的某人对话。

这里我们可以注意到，莎士比亚和德里达明显对“不可能”这个母题着迷（德里达在他谈论《罗密欧与朱丽叶》的论文中更称之为“不可能的剧场”）。一对恋人，牵涉的总是“二人决斗”（duel）：“确凿无疑的是……其中一个必须首先死亡”。德里达写道：“两者同时活得比对方更长久，这是不可能的。所谓的二人决斗就是这么回事，这是不证自明的对决法则，这是我们与他者（other）之间，最平常、最少被提到——或最被禁止——的场景。”德里达对《罗密欧与朱丽叶》之所以有兴趣，是因为在这个剧作里，在“罗密欧与朱
40 丽叶的体验之中”，“不可能的事情发生了”（AC 422）。另一部“双方同时活得比对方更长久”（422）的剧作是《安东尼与克莉奥佩特拉》，它展示了某种“不可能的经验，也就是（如前几章所述）解构的其中一个定义，就此我们也许可以开始探讨解构主义与文学之间的密切关系，特别是解构并非可以像毒蛇（asp）般，随便“套用”到文学作品之上的。[2] 要解毒的话，解构作为有毒的解药，在文学作品内部不仅唾手可得，更早已发生作用了。正如德里达用一个巧妙的格言式的（或许是有毒的）表达告诉我们：“解构就是……学会与文学共存”（Dec 9）。

---

1 译文来源同上，248 页——译者注

2 传说埃及妖后克莉奥佩特拉用毒蛇自杀，这里也指涉《安东尼与克莉奥佩特拉》这部剧作，里面的主角正是克莉奥佩特拉。——译者注

## 勃朗特和不可能的经验

跟上述不同却又相似的“不可能的经验”，也是勃朗特《呼啸山庄》的焦点所在。这种“不可能的经验”大概来自于小说令人晕头转向、回旋式和回顾式的叙事时间。小说以洛克伍德的回忆开头，他以**现在时**历历在目地忆述，自己“刚刚”从与希克厉的第一次会面“归来”，但“同一个”故事的结尾，洛克伍德反以**过去时**忆述自己到访希克厉“空荡依然”的墓碑（Brontë 3,256）。如果勃朗特的小说真的体现了一种“不可能的经验”，这可以归因于它错综复杂、层层覆叠的叙事结构，以及人物名字的重叠（小说从中间开始一分为二；凯瑟琳的死与另一个凯瑟琳的诞生重叠）；不得不提的是凯瑟琳（Catherine）与希克厉，两人作为鬼魂或归魂继续存活，而且“活得比对方长久”。小说一开始（以德里达的方式来讲，像所有开端一样，这是个鬼魂缠身的开始：所以根本不是什么开始），希克厉已经可说是个鬼魂了。他是鬼，特别是因为小说采用了阴森恐怖的时间性视角（或视角主义［perspectivism］）来叙事。（读这本小说就好比经历J.希利斯·米勒所说的“多重复活，（好比）鬼门关大开，召唤鬼魂：参见 Brontë 392；Miller 1982,71）希克厉是鬼，因为他真实的名字本身就是一缕归魂（“这个名字属于某人的儿子，而他很小的时候已经死去”［29］。）。希克厉是鬼魂，因为他下葬之后“乡亲们……他们会手按着圣经起誓说，他走出来了”（255）。

希克厉偷听到卡茜要嫁给另一个男人（埃德加·林顿［Edgar
Linton］），然后他就消失了好几年。本来就没有人知道他**来自**何 41
方，现在他再一次来无影去无踪地消失于世上。似乎死了，但又回来了，脸上毫无“喜乐”，一脸“可怖的苦痛”。凯瑟琳告诉她的丈夫埃德加：“希克厉回来了——他回来了！”（73）。一对恋人的其中一位活得比另一位更长久。而希克厉明显地比凯瑟琳活得更长，但在更早的时光里，凯瑟琳比希克厉活得更久远：在她“疯狂”的狂热谵妄、接近死亡的状态里，凯瑟琳知道，最重要的是“（归）来”：让鬼魂们归来，也让自己化为鬼魂。她在画眉山庄（Thrushcross Grange）那属于自己的房间里推开窗，视线穿过荒野“飘渺湿重的黑暗”，她相信希克厉就在远方的房子里面。而她的“狂言”由见证者及叙述者——耐莉（Nelly）逐字记录和转述而得以“存活”下来，在小说中产生了各种分裂性和干扰性的效果——德里达所说的“声音里的写作”和“差异性震荡”。德里达说过，只有在“多重及多种声音的召唤下，归来的呼唤（the call to come）才会出现”（PIO 62）。

以上一切的到“来”，发生于以下错乱难缠的叙事场景：通过阅读洛克伍德的日记中耐莉的转述，我们得以听到逝者凯瑟琳的声音同时由作者艾米莉·勃朗特（及其缺席但阴魂不散的“作者叙述”）口中透露出来。凯瑟琳之所以狂言呓语，是因为她在幻觉里看到仆人约瑟夫在呼啸山庄的阁楼里“透露出来的一点烛光”：

> “瞧！”她急切地嚷道：“……约瑟夫这么晚还不睡，可不是吗？他是在守我回家来呀，他好把栅栏上了锁。好吧，那他还得再等一会儿呢。这段路真不好走哪，走在路上心里真不是滋味，而且要走那路，我们还须打从吉牟屯教堂（Gimmerton Kirk）经过呢！可是我们才不把那儿的鬼魂放在心上呢，我们时常比胆量：敢不敢站在坟堆里叫鬼魂快出来，可是，希克厉，假如我现在向你挑战，你还敢来一下吗？要是你还有这胆量，我就奉陪。我不愿一个儿躺在那里。他们会把我埋葬的，还把一座教堂压在我身上，可是假如你不在我身边，我怎么也得不到安息。我永远也不会！”

> 她停住了，接着，带着一个奇怪的笑容，说下去道："他是正在盘算——他倒要我去找他呢！那么找一条路——不要穿过那片教堂的坟地。"[1]
>
> (Brontë 98)

勃朗特的文本是一场游戏——最认真的一场游戏——也是如我之前讲过，有关"给予"(give)的游戏。在这个游戏里面，无需锁定作者或角色的意图。这种游戏或自由乃"隶属于"语言本身的结构，而且他的出现先于任何写作和说话的主体。我们大可以说上面的 42
引文是以"venture"("你还敢来一下吗")一词的词源构成的文字游戏，其拉丁语词源为动词 *venīre*，意思为"来吧"(come)。或许冒险就是"(到)来"，但去冒险首先要有胆量，够胆去，够胆"来"，够胆承受风险。冒险与危险的关系密不可分(英文"venture"[冒险]在古语里有"危险"和"机会"的意思)，也有述行性的意味。如果你还记得前文所述，去挑战别人或跟人家打赌其实也算一种述行性的言语行为。"假如我现在向你挑战，你还敢来一下吗?"凯瑟琳的发言本身就是种冒险，一种癫狂的述行而不是事实的陈述，这个述行意味着：你敢*来*找我吗？还是你宁愿要我*来*找你呢？她的挑衅对象明显不在场，于是那只会是一种鬼魅式的述行，黑暗中的述行，无家可归的述行。

更疯狂的是，如引文所述，凯瑟琳停下来，然后带着"奇怪的笑容"，自己得出这样的结论："他是正在盘算——他倒要我去(come)找他呢!""come"是什么意思？我们应该怎样解读或倾听这个词?小说文本好像在冒险地提议我们不要与鬼做伴，即使它清楚地知

---

1 中译取自：《呼啸山庄》，[英]艾米莉·勃朗特著，方平译，上海译文出版社 1989 年版，第十二章，156-157 页。——译者注

道,没有鬼魂就什么都不可能"(到)来",因为小说本身是鬼魂:它本身就是群鬼来访的证据。德里达曾说过:"**召唤**幽灵是绝对可能的,我们甚至可以有求于它……每一次"到这里来"的召唤,其起因或结果当中,都是一种亡灵归来的意思"(DA 535)。这段《呼啸山庄》引文的疯狂之处,部分体现于其中心灵感应(telepathy)的情节:凯瑟琳那"奇怪的笑容"显示,她已经知悉一切,她明显"听到"他的所思所欲,甚至连他的要求和命令都可以"听到":"他倒要我去找他呢!",但我们无从得知这信息从何而"来",也不知道它是一种欲望还是命令,我们也不能判断这个"come"是否(用德里达的话来讲)是"一种当下的引用"(AT 65)。但这种"不可能的体验"(心灵感应)正是小说要探讨的。我们心知肚明:不可能的事情有发生的可能。小说里的他抽泣着说:"卡茜(按:凯瑟琳的简称),快来吧,再一次!来我身边!再一次来吧!我的好心肝儿,**这一回**你就听我吧……!"(23)这样"来""来"去去的,最后"来"自什么?而这一次次的"来吧"又何时止息?

43 ## 来,吓一跳

在《呼啸山庄》和《安东尼与克莉奥佩特拉》两部文学作品里,似乎都"来"了某种幽灵代笔(ghost-writing)或幽灵图景(spectrography)的现象。每一次"来"的时候,都呼召着另一个"到来";随着他者的死亡,另一个他者即被召唤前"来";"来吧"这个呼唤中至少有两种声音,它是一种带有差异而没有实体的召唤:"来吧",这不只是希克厉的呼唤,也是凯瑟琳的呼唤(而在莎士比亚的剧作里,它同时是克莉奥佩特拉和安东尼的呼唤)。也许,正如德里达所描述,"各种语调(tone)所交错而成的幽灵图景,以及各种语调的变化,在定义上是不可能受制于哲学论证的量度和处理,也不可能被示范和传授”(AT 64)。上述的文学作品通过充满差异的多声道产生出特异的效果(也正是我通过幽灵性[spectrality]、生动活泼[sprightliness]、叙事上的精神错乱和心灵感应等概念带出的效果),可能也正是德里达在论及末世腔调一文的结尾所企图带出“来”的效果。

“来”是一种肯定性的力量。德里达说:

> “Come”(来)以**肯定的**语调在其自己身上标记,既不是欲望(desire)和命令(order),也不是祈祷或请求;精确点说,“Come”被文法、语言学或语义学等分类规范着,但这些分类或规范同时被“Come”所穿透。
>
> (AT 65)

与其说“来”“先于且召唤了事件(event)”,不如说“它是所有事件的起点”(64)。它是末世般的存在,宣布“世界末日的末日,快要到来了(the apocalypse of apocalypse)”(66)。“来”本身就是“复数的自己”;“来”“没有目的地,没有信息”(66)。幽灵般的“来”与欲望有关,但同样与恐惧有关;与幸福有关,但同样与死亡有关。它不可分类,无可安置。如德里达所说:

> 与其说“来”先于任何秩序或欲望而存在(因为“来”同时是一项命令、一种欲望、一种需求等),倒不如说,它先于所有逻辑和语法分类下的秩序和欲望而存在;这些秩序和欲望被西方语法或逻辑界定和限制着,但正因为这些界定,我们才可以断言:“来”正是[隶属于]这些西方语法和逻辑之中……不
> 过“来”是不能这样分类的。这并不意味着它置身于欲望或命 44

> 令之外;它是欲望、命令、禁令、要求、需要……但这些分类都只是派生出来的概念性对立,跟“来”无关。
>
> (Dia 150)

正如德里达在 1983 年的一次采访中指出,他所指的“来”最令人屏息惊叹的意义在于,“一切依然开放,依然有待思考”。“来”旨在“撩拨简单无比的一字一句、或我们说话的音色”(U 131):拥抱自由吧,从存在(being)中释放出来,来“超脱存在”吧,如卡茜于《呼啸山庄》里一段有关“来”的段落中所说:这是“无与伦比的超脱”(参见 Brontë 124)。德里达谈及末世腔调的文章中所提到的“来”跟他在别处所谈到的“是”(yes)对应;在一篇有关詹姆斯·乔伊斯的《尤利西斯》(1922)的文章里,德里达认为“是”这个问题,“动用和触及到他一直以来所思考、写作、教学以及阅读的一切”(UG 287)。是的,拥抱自由吧:在该论文中德里达对乔伊斯作品中出现的“是”所体现的“差异性震荡”进行了详细分析(UG 305),更指出“是”与“来”都是一种肯定,这个“是”的答案其实比“这是什么?”这种问题“更为‘古老’(ancient)……甚至比所有知识更为古老”(UG 296)。

## 政治与文学

我会以一些对政治与文学的观察为本章作结。在这一章,我试图探索政治与文学这两个题目或问题之间的联系。德里达的作品中有股激情热烈的推动力,这正好证明他对“将临的民主”(democracy to come)有所承担。政治家总是陈词滥调,而民主终究不过是承诺。它从来没有完完全全地到来。对德里达来说,这正是马克思主义(或某些派别的马克思主义)的可怕失误(德里达并没有和马克思主义断然撇清关系,相反,他在《马克思的幽灵》里呼吁“新国际”(new international)的出现;他肯定“一种新式文化的必要性”，这种新的文化会创造出阅读和分析马克思《资本论》以及资本的另一种方法[OH 56])。在德里达看来，马克思主义的错误必然意味着“万物有灵论(animist)对解放末世论(emancipatory eschatology)的收编，而这一过程理应尊重那个承诺——尊重承诺继续以承诺的姿态出现”(SM 105)。德里达指出，民主和正义的承诺正是对未来有承担，一个“超脱于一切现存生命，超脱于只能谈及‘自己、现在’(me, now)的每个生命”的未来(DA 546)。这是一个“无 45
止无尽的承诺”(TSICL 38)。(我会在第9章以更大的篇幅讨论解构主义、民主和正义之间的联系)。

与民主的承诺紧紧相连的，是“各种肯定(yes)的体验”，是“反叛的肯定”，是一句一句的呼吁：“拥抱自由吧”和“来吧”。同时，将临的民主与文学悉悉相关，特别是关于“不可能的经验”。“被称为文学的这个奇怪体制”(这是德里达的原话：参见TSICL)紧扣着法律和自由：拥抱自由吧。德里达说：“文学的可能性跟社会赋予文学的合法性，以及文学所带来(或释除)的疑虑和恐怖——都同时在政治上意味着一种不受限制地反复诘问的权利，一种质疑所有教条主义的权利、甚至是剖析各种社会预设的权利，连那些看似不可动摇的伦理和政治责任的问题(the politics of responsibility)也不例外”(POO 23)。文学与“言论自由”和“思想自由”等原则有着千丝万缕的联系(参见OH 50)。正如作家萨尔曼·拉什迪指出，“在任何社会，我们都可以在文学这片园地里，在我们自己脑海的私密境内，听到无数的声音，以一切可能的方式，谈论一切事情”(Rushdie 1991,429)。这种自由的可能性，也就是畅所欲言的可能性，跟越界(transgresssion)(关于这一点拉什迪应该比谁都清楚)[1]，也跟“违抗”或“打破成规”的能力、倾向或欲望是密不可分

---

1 1989年出版，拉什迪的《撒旦诗篇》(*The Satanic Verses*，或译为《魔鬼诗篇》)中对伊斯兰教的描写引起争议，后来作者遭伊朗宗教领袖宣布死刑，更被追杀。——译者注

的(参见 TSICL 36-7)。对于这种倾向,德里达这样说:

> 西方的文学建制在其相对于现代的形式当中,紧扣着一种畅所欲言的授权,无疑也意味着民主作为现代思想的诞生。这个建制倚靠的并非已然确立的所谓民主制度,反而我认为它离不开一种对民主的呼唤,一种对(无疑也是将临的)民主最开放的理解。
>
> (TSICL 37)

拉什迪把文学视为“园地”(place),这一点我略有保留。更准确地说,文学应被理解为某种经验的“错置”,一种对所有“地方”或“场所”的全盘质疑。这也是我一直说“来”说去的论点,“come”不但没有“来头”,更不是“来”自任何可资识别的“寄件者或可供锁定身份的收件人”(AT 66)。文学没有确实的意义或歇息之地,即使文学令我们有能力批判地、有建树地探讨何谓“确定的意义”和“歇息之地”。文学作品永不停步,永不休息,它无家可归。它异常地无家可归,异常地自由自在。

# 5

# 增　补

所以,德里达根本就没有什么所谓的关键思想。换句话讲,德里达的所有思想都是关键的:我们就这样回到本书其中一个讨论的起点。“增补”这个概念应该最能干净俐落地说明上述矛盾,其实“增补”在他的所有作品里俯拾皆是,但对“增补”最精简的阐述,莫过于他在《论文字学》(1967)里对让-雅克·卢梭作品的解读。该篇章题为“‘……那危险的增补……’”(...That Dangerous Supplement...)(OG 141-64)。我会在下文集中讨论这一篇章,简要介绍何为“增补”,以及增补如何在文学或其他地方发挥作用。

## 三颗小黑点

“‘……那危险的增补……’”这一篇章的标题法文“原文”为“‘Ce dangereux supplément...’”,因此我们有理由把它翻译成“‘这危险的增补……’”。如果把法文“ce”翻成“那”(that),我们就好像把增补拒之于外。如果翻成“这”(this)的话,“这”依然陌生、依然没有归宿的“增补”就更有回家的感觉了:就在“这”里,就在“这”句子里面。而这篇文章的标题——“那危险的增补”非常理所当然地被置于引号里面:因为这一句在卢梭的作品里出现过。也就是说,德里达的这篇文章的题目,其实取材自其他作者或其他文
48 本,再一次,这个标题的形态预先警醒我们,增补“本身”令人奇怪和好奇之处:标题本身就是增补。我希望下文会把这一点说得更清楚。

再说吧,这个标题里有三颗看似鸡毛蒜皮小事的小黑点(...),在法文原文里这三点在标题的后面(“‘ce dangereux supplément...’”),而英文翻译却在前面也加上了三点(“‘... That Dangerous Supplement...’”)。译者加亚特里·查克拉瓦蒂·斯皮瓦克通过这后来加上的三颗小黑点(或可叫作省略号)就这样增补了法文原文。她有效地强调了相对低调的法文原文已经暗示出来的事实:那就是这篇她翻译过的文本只不过是一个更庞大的文本的一小部分。文本本身正在增补以前的东西,而文本本身也有它应该或可以增补的一些“后话”。斯皮瓦克的译本忠于原著,同时也侵犯了原著,这突出了一个事实:省略(号)本身的意义及可阅读性(readability)取决于上文下理,也取决于论述(discourse)或文本的边界问题。

“省略号”(或“三颗小黑点”)在其传统定义及其双重意义上有其暧昧性和不可决定性。词典告诉我们,省略号“在文法上可归类为一种句法的图像(figure of syntax),用以省漏字词,或仅作暗示;印刷上它是一种标记,以示省略”(《钱伯斯词典》)。而德里达在其他场合指出,省略(ellipsis)这个词牵涉一种所谓“省略性的本质(an elliptical essence)”(Ell 296);这个本质的问题是:字词真的

被“省漏”了吗？那些被“省漏”的是否仅仅是被“暗示”的？那些被“省漏”的东西又如何可能化身为一些“标记”呢？何为省略号？那“三颗小黑点”究竟是什么？在某些方面来说“‘……那危险的增补……’”是德里达最为享誉学界的名篇，它对这三颗小黑点的重要性及其作用作出了重要而深刻的思考。三颗小黑点（作为一个单数且又是复数的名词）总是意味着一种增补的逻辑（a logic of the supplement）。

## 何谓增补？

增补，就是添加于事物之上的东西，用以丰富被增补者的内容，同时它也只不过是“额外”（extra）之物（拉丁文的“extra”解作“外部”）。增补既是一种“过剩（surplus），也是完好无缺的状态（plenitude）；它令完好无缺更充盈、更充足”，同时它又弥补了某种缺乏，就好像一直有一种空洞有待它填补：“它并非简单地被添加 49
到某种正面性（positivity）的“在场”（presence）之上……结构上，空洞的标记（the mark of an emptiness）已把增补分配到特定的位置”（OG 144-5）。德里达要探讨的就是这两种增补的意指（signification）之间奇怪而必要的“同居状态”（cohabitation）（144）。在这两种情况下增补都被看作外部（exterior）及“额外”（extra）之物，不过在两种情况下，增补都必然意味着一种疯狂的逻辑：它既不是内部也不是外部，而且（或者）它同时在外又在内。它是其中一部分，但同时又不是任何一部分，它属于，也不属于任何东西。如德里达所言：“增补令人抓狂，因为它既不在场也不缺席”（154）。

通过《“……那危险的增补……”》一文中对卢梭的解读，德里达描述并同时改变了我们对“增补”一词的理解。“增补”这一概念听起来好熟悉：我们可能会想到夹附在报纸正刊里面或者词典正文以外的增刊或赠刊(supplement),又或者是信件内容下方的附言(postscript)。但德里达的一贯作风,就是精心细究地把这种非常熟识的感觉抹平消除,把“正常”的归于陌生(defamiliarize),把我们心里认为“最原本”的概念彻底而激进地改造或“变形”(deformation)。他在1980年的论文答辩中如此形容这种策略:

> 每次概念上的突破都是一次转化,这种转化意味着,字词和概念之间被世间认可、认证的对应关系发生了变形,这种变形也发生于比喻(trope),以及人们为顾及自身利益而制定的所谓“不变的首要意义”(primary sense)(亦即正规、字面上的或流行的用法)之间。
>
> (TTP 40-1)

我们可以看到,这个策略——德里达在其他场合称之为“没有终点(finality)的奇怪策略”(O 7)——在无数情况下与其他概念一起运作,例如“文本”、“踪迹”、“书写”、“药”以及“处女膜”等。而这些“概念上的突破”,都会引入一种他所谓的“无边无际的推而广之(an unbounded generalization)”(TTP 40)。

增补是普遍而无处不在的,或更确切地说,它无处不在的同时,也无可觅寻,因为正如德里达强调,增补在某种意义上“什么都不是(nothing)”(OG 244)。正如他在《论文字学》一书的结尾说道:

> 增补的奇怪本质(essence)就是,它不具备本质的特性(essentiality):它大有可能从未发生。此外,从字面意义来看,它从来就没有发生过:此时此刻它从不在场(present)。如果

> 它在的话,他就不会被叫作增补了…… 增补比“空空如也”(nothing)更为空洞,但从它的影响所及来作出判断的话,它的 50
> 作用是“永不落空”(much more than nothing)。增补既非存在,也不缺席。没有任何本体论(ontology)可以解释增补如何操作。
>
> (OG 314)

我们不能以本体论——以存在(being,古希腊语为 *ontos*)作为重心的哲学——去思考何为增补;取而代之,正如德里达在较后期的著作《马克思的幽灵》(1993)里指出,我们应把增补当作一种魂在论(hauntology)(SM 10)。增补好比冤鬼缠身(haunt),它鬼气森森,产生效果后却又不留痕迹,并非在场,却又并非缺席。我们只要对增补所形成的效果作出描述,从而带出移山填海般的改变,这未尝不是一种对解构的理解。我们不可能脱离增补所产生的“作用”,特别是因为它“几乎不可以用理性去理解”(德里达这句话引自卢梭的《忏悔录》)(OG 149)。德里达进一步指出,“对经典逻辑(classical logic)来讲,增补要比简单的非理性(即理性的对立面)更令人不耐烦,更有偷袭的倾向”(OG 154)。这就能解释为什么增补令人如此“抓狂”。

增补就像病毒,感染全世界。德里达扬言,“这个概念的剧毒在于”,我们不可能“制止它,教化它,驯服它”(OG 157)。“剧毒”(virulence)这个词来自拉丁语 *vīrus*,解作“毒液”或“毒”。增补拥有非比寻常的毒性,这正是基于病毒的逻辑:病毒自我繁殖;病毒本身就是一种增补。德里达说:“病毒必将会是我工作的唯一目的”(C 91-2)。(解构有着病毒般扩散的特质,杜特曼[Düttmann 1996]的文章以艾滋病作例子提供了可信的阐述)如果用法文细读德里达和卢梭的“原文”,我们大概可以更容易察觉上述自我增补的病毒如何在其中奇怪地活动起来。在原文中,增补(*supplément*)或增补性(*supplémentaire*)与替代(*suppléant*)或替代性增补(*suppléance*)两词不时交替互换。同时,法语动词 *suppléer* 可解作“填补缺漏”,也可解作“提供必需的多余物品”:德里达就曾引用这个例子,去说明词典在本质上(他以 *Littré* 这本词典为例)“好比梦游者,它谨守着字词本身如此奇怪的逻辑”(参见 FSW 212)。

在旧式英语里,“to supplement”(增补)在意思上等同于另一个动词“to supply”(供应)(德里达的关键思想之一:反思何谓“旧式”),但这种意思上的重叠在所谓“当今通用”的英语里,也是显而易见的。例如“to supply”可解作“填满、占据(作为替补)”(《钱伯
51 斯词典》);例如这一句:“请在空格处填上(supply)适当的字词……”(又见三颗小黑点)。而增补(supplement)与替代(substitute)之间的联系在英文“代课老师”——“supply teacher”(英式英语)与“substitute teacher”(美式英语)之间就更为明显了。以上例句与教育有关,并非偶然。德里达认为,对卢梭来说,“所有教育……都被描述或表现为一种替代性的制度(a system of substitution)”(OG 145):所有形式的教育“本来”都是增补性或替代性的教育。不过在卢梭的作品里,教育贯彻始终地展现为“大自然”的替身及弥补。而“大自然”在卢梭看来,根本就“不会对*大自然自身*作出任何增补”(145)。在德里达看来这不可能,因为增补逻辑先于一切事物运作;引用他在《论文字学》里的观点:“很多人希望由增补返回源头,但我们必须承认,*源头本身已经被增补过*”(OG 304)。我们可以把德里达所有作品概括为一种替补及替代型的思想传授,一种增补式的教学过程。

## 声音与书写

德里达对卢梭有他自己的一套解读，而我在这里对德里达的解读也只是一家之言，并不能取代正品。如果你读过《“……那危险的增补……”》一文，你会体会到德里达对卢梭细致的阅读是有多诡异。卢梭谈到增补、替补和替代的段落很多，德里达把它们连结起来分析，引用再引用，结果他让卢梭变得面目全非。“正品”的卢梭是否存在于德里达的解读里呢？又或是“正品”的卢梭完好无缺地在原文里呢？德里达的解读涉及为数众多的卢梭文本，从《爱弥儿》（1762）到《忏悔录》（于 1765 年完成，发表于 1781 年），甚至延伸至鲜为人知的作品，例如卢梭死后出版的短文《发音》（Pronunciation）（参见 AL 83，n.6）。德里达探讨的是卢梭的文本如何一以贯之地依赖于增补这个概念，特别是涉及书写和自慰的讨论。德里达在文章里引述了卢梭的一段似曾相识又合乎常识的陈述：

> 语言（language）用来说话沟通，而书写（writing）只不过是语音（speech）的增补……语音用规范了的符号（sign）再现（represent）我们的思想。而书写则以同样的方法再现我们的语音。所以书写艺术，正是经其他中介物处理过的一种对思想的再现。
>
> （“Pronunciation”，引自 OG 144）

德里达在这段嗅出了书写的危险之处，他说： 52

> 如果书写过程里的再现（representation）把自己当作一种“在场”，把自己当作事物本身的符号（sign），那么书写会因此

> 变得危险。而且符号在其运作的过程中,内置了一种致命的必要性,它会令替代物忘记了自己只是替代的角色,使替代物伪装成为语音,伪装为一种语音的完好无缺(plentitude),而忘记了语音本身其实有所虚漏和缺乏,也忘记了自己只是这种虚乏的**增补之物**。
>
> (OG 144)

这并不是说,卢梭根本不信任书写,相反,正如德里达表明,“卢梭赞扬书写的地位,也贬抑书写……他谴责书写,认为它破坏了‘在场’,而且也是侵害语音的一种病毒。但在某种程度上,他又为书写平反,因为书写作出了承诺:书写从语音里所抢夺的一切,都必须经过语音本身的批核和同意”(141-2)。

德里达认为卢梭对书写的褒贬,透露出卢梭自身两种形式的欲望(desire)。第一,他对书写的谴责及对其资格的否定,源自他开创的“语言理论”;第二,他对书写的认可和平反可归因于他作为“作家的经验”(142)。为了“忠于自然”(这句摘自《忏悔录》的开场段落),卢梭写作的时候必须缺席。德里达在文章中引述让·斯塔罗宾斯基对《忏悔录》的援引:

> 要不是人群中的我处于劣势,要不是那个人群中的我跟真实的我判若两人,我想我还是会和其他人一样乐于交朋结友。那个写作的我,那个隐藏自己的我,就是最称心的自己。要是我在场(present)现身,我可永远不会知道我有多珍贵。
>
> (引自 OG 142)

用卢梭的话来说,书写只是“对语音的增补”,其中充斥着各种“缺席"和次要的特质，但反之，写作也体现着某种"社群"里不可能出现的重要性、在场感和价值。通过匿藏自己，卢梭旨在通过书写达至德里达称为"对在场最大程度的象征性再挪用(symbolic reappropriation)"(143)。

也许，德里达的论述最非同寻常的一点，莫过于上文提过的所谓"无边无际的推而广之"。这就是说，"书写"作为增补被改变了，
它不再简单地与语音对立，更"不只"是语音的增补。即使作者(或 53
讲者)死了，书写作为一种可能性，一样能产生意义，这样的话书写就平添了一种诡异的新义：德里达以"书写"一词暂指那些非语言或非论述性的东西，即使这些"书写"使语言和论述成为可能。重要的是，我们要认清，即使德里达的作品非常关注"书写"的本质在传统上(即字母[alphabetic]上和西方的)意义——例如他强调书写"开启了历史的场域"(OG 27)——同时，他甚至更为关注非文字(non-alphabetic)、非西方、前语言(pre-linguistic)乃至非人类独有的书写模式。我们在下文会澄清这一大堆复杂的问题，但解决问题的方法看来有点离题：我们先来谈谈自慰的本质吧。

## 自慰

其实，自慰(masturbation)与增补又或者是"对自然(nature)的增补"这个问题有关。声音(speech)是自然现象，而书写是对自然作增补；性(sex)也是自然现象，而自慰就是对自然的性所作出的增补。但正如当代批评家和理论家利奥·贝尔萨尼问道："手淫的时候，你是谁？"(Bersani 1995，103)。答：你就是贝尔萨尼所说的"幻想(fantasy)"(103)或德里达所讲的"想象(the imaginary)"(OG 151)。德里达写道：

> 卢梭永远不会放弃诉诸并停止指责自己所犯下的俄南主义[1](onanism)。俄南主义容许以复数的“在场”(presences)和不在场(absent)的美人抚慰(affect)自己。在卢梭眼中这是罪恶和变态(perversion)的典型。通过他人的在场去抚慰自己,是一种自我堕落(*on s' altère soi-même*)。卢梭不希望也不能够把这种堕落视为一种外力强加于自我(self)的意外,那正是自我的起源。
>
> (OG 153,英译稍作改动)

俄南主义、自慰,或者是其他我们父辈祖先们(如果不是母辈们)称为自虐的行为,都可能属于幻想或虚构的领域,但这并不意味着它与所谓真实世界无关。相反,这与我们对“自我”和“世界”的感知大有关系。手淫是一件奇怪的事情,卢梭以不同的名称将其称为
54 一种“危险的增补”和“致命的优势”(引自 OG 150-1)。当代批评家和理论家芭芭拉·约翰逊评论道:自慰是一种“象征性的理想契合,因为在自慰的世界里主体和客体是真正合二为一的。但同时自慰的过程中自我与他者之间彻底地疏离,没有任何接触可言”(参见 D xii)。

上面谈到的“自我抚慰”(affecting oneself)其实等同于德里达在其他文章所讲的“情感自动化”(auto-affection):情感自动化把不同脉落下被称为“自我-在场”(self-presence)和“自恋”(narcissism)的概念汇合起来;它最纯粹的表现形式莫过于“聆听自己”(SP 79)。德里达对这个题目的讨论,非常详尽地涉及现象学的思想和论述,尤其是埃德蒙德·胡塞尔的思想体系。(要进一步了解解构主义和现象学,可参考《埃德蒙德·胡塞尔〈几何学的起源〉引论[*Edmund*

1 “onanism”为手淫的代语,俄南乃《圣经·创世纪》里的人物。——译者注

*Husserl's 'Origin of Geometry': An Introduction*,1962 年版;1974 年修订版]、《声音与现象》[*Speech and Phenomena*,1967,SP]和《论文字学》[OG])聆听自己(也就是说,即使你保持沉默,你也可以聆听自己脑内的声音,张开耳朵去听自己的思考)大概是"世上最理所当然的事",而我们都以为,这种自我的聆听并非"真正"存在于外面的世界,因为我们总是一厢情愿地认为聆听自己根本是"无须穿过'一己'(ownness)领域范围就可以做到的事情"(SP 78)。但任何人只要"真正地"用录音机录播自己的声音,他们一定会发现事情并非如此简单或如此美好,因为太可怕了,我相信这种感觉很多人会和议道:"这是我吗? 完全不像! 是不是录音带有毛病啊? 真糟糕,吓死人了,令人作呕!"诸如此类。

德里达在《论文字学》、《声音与现象》以及他的精彩论文《什么什么》(Qual Quelle,1971,QQ)里都试图证明,聆听自己这一行为并非预期,它不是一种即时、不经中介以及自然流露的行为。先不管我们说的是哪一种"情感自动化",其中一定运作着一种增补的逻辑,而其中的增补和替补早已运作。太初就有增补了[1](in the beginning was the supplement)。那是德里达所说的"源头(origin)的增补"(参见 SP 87 ff)。在《论文字学》中他写道,"即时发生的一切(immediacy)都其来有自(derived)",因此我们有必要在讨论中提到"事物本身的*幻影*(the *mirage* of the thing itself)、即时的在场(immediate presence)以及所谓原初感知(originary perception)等概念"(OG 157,斜体[2]为本书作者所加)。在《什么什么》一文中,德里达提出一个观点,他认为诗人保罗·瓦莱里(1871—1945)比胡塞尔、黑格尔或"任何其他传统的哲学家"更能够理解"聆听自己"

---

1 此句是对"in the beginning was the Word"(太初有道)的仿效。——译者注

2 中译本已改为楷体,后同。——译者注

55 过程中的陌生感。(QQ 287)。要寻找声音的来源,我们要认真对待一个现实(正如诗人瓦莱里所说):“所谓起源只是虚幻的想象之物”(引自 QQ 297,n.25)。这位诗人的意见可能让我们认为,诗歌至少与哲学一样,都清楚地为我们提供了一种陌生的增补性(supplementarity)。在本书后半部分,我将尝试通过阅读柯勒律治的《忽必烈汗》(*Kubla Khan*),进一步探索这个事实。另外,德里达所说的“幻影”(mirage)在他论及瓦莱里的论文中可以找到对应。他指出,我们都困活于“正常幻觉的‘政权’之下(a regime of normal hallucination)”(QQ 297)。他说:“倾听自我是最正常,也是最不可能的经验”(QQ 297)。我们可以说德里达的作品鼓动着一种“*在[他]身体中*”(Ja 49)体验不可能(the impossible)的欲望。说到这里,我们或许会记得他对解构主义作出过一次“最不糟糕(the least bad)的定义”,那就是:“不可能的经验”(Aft 200)。

以上种种看似题外话:聆听自己和自慰是两回事吧。但德里达对卢梭的解读令我们重新思考自慰的“本质”(nature)。德里达宣称:“性欲上的情感自动化,一般来说并非始于或止于‘自慰’一词的所规所限”(OG 154-5)。德里达认为,所谓生命的内容,并不止于自慰这种“危险的增补”。与此同时,他没有清楚界定“自慰”的定义可以是什么或应该是什么。那么自慰跟文学又有何关系呢?或者我们可以问,“自慰”又跟德里达在谈及詹姆斯·乔伊斯的《尤利西斯》时称作“心理通话学(mental telephony)”(UG 272)的东西有何关系?当然,要解答这些问题,我们有好些显而易见、直截了当的例子,例如卢梭就指出过,“一位窈窕淑女觉得那些危险的书给她带来了不便,因为她只能单手捧着读”(OG 340,n.8)。但德里达警示我们,自慰可以具有更复杂的意义,特别是关系到称为“文学”的想象世界,这个问题我留给大家进一步玩味,你可以先读一些小说——不过那得是足以跟托马斯·哈代和约翰·福尔斯的作品匹配的小说。当小说家约翰·福尔斯谈到哈代的《意中人》(*The Well-Beloved*,1898)的时候(这是哈代出奇美丽却被忽视的最后一部小说,有关意中人如何总是遵循于增补逻辑),他宣称以下 56
“简单的真相”:“小说写作是一种好比自慰且充满禁忌的追求”(Fowles 1999,160)。

## 鬼魅般的结论

我真想为增补这个概念定下结论,但当然,我不能。增补的运作逻辑必然意味着,我们所理解的所谓“结束”和“开始”都必须受到干扰。它并非在场,并非缺席,鬼魅非常,令人抓狂,你不可能搞定它。虽然如此,容许我概述一下德里达对增补的思考,如何关乎我们对文学、哲学,或其他“媒体”(如电影)等的理解。(任何再现[representation]、录音录影,以至传播或传输渠道都必定受到增补逻辑的干扰阻截。这在某种程度上解释了德里达为什么会认为电视、收音机、磁带录音、互联网、电影和视频等都是鬼魅之物。详情可参考他与伯纳德·斯蒂格勒合著的《电视的超声波学》[ET],或者看看《鬼舞》[Ghostdance]这部电影[导演:肯·麦克马伦,1983])

于是我做了以下五项增补性的备注,谈谈增补何等重要。每一项备注都增补着彼此,更可替代彼此,它们有着彼此溢泻的边界:

1.在《“……那危险的增补……”》一文里,德里达认为所谓作家定律(the law of the writer)意味着作家必定会盲目地忽视增补的存在。他主张道:“增补这个概念是卢梭的文本的一大盲点”

(OG 163)。卢梭根本就没有在其著作中阐述过德里达所探讨的那种独特而陌生的增补,其实,他也真的阐述过:这并不是说,德里达比卢梭有先见之明,相反,这恰恰证明了德里达所强调的事实:“这是法律:*你不会看见增补*”(OG 149)。德里达所关心的是,通过增补逻辑,一个作者(让-雅克·卢梭,但也包括雅克·德里达,以及你和我)“所表达的意思,比作者意图表达的,可能还要多、还要少,也许完全不同”(OG 158)。话虽如此,德里达并非漠视“作者意
57 图”,相反,他认为任何批判性的阅读都必会考虑到这项关键要素。不过,增补的逻辑规定(dictate,令人想起灵异的“默写”[dictation])了一点,那就是作家总是易受惊奇影响,作家绝不可能对她/他自己的文字完全操控或掌握。同理,读者也不可能做到。而要做到德里达所讲的“批判性阅读”,当中必须有一种尝试,那就要对“过分”(exorbitant)的意义作出公正的考量,同时要使这奇怪的增补逻辑“*产生*(*produce*)”效果(158,斜体为德里达所加)。

2.德里达对增补特别关心,他鼓励我们更仔细地思考所谓“正常”和“约定俗成”的增补究竟是什么。我们可以想想,增补作为一个概念,是如何在各种边缘文本(peritexts)里运作的,例如前言、后记、题跋、题献、结语、脚注、附录、括号里的内容甚至是与正文无关的题外话等。考虑到增补、增补性和替代所带来的怪异效果,我们难免要重新思考何谓*非增补*的内容。如此一说,就能解释为什么德里达的作品从一开始总是如此乐意,事实上是不由自主地去探索不同作品中“无关紧要”的部分,其中包括被认为是对那位作者的经典著作《忏悔录》或《爱弥儿》的多余或增补性文本(例如《论文字学》里卢梭的《论语言的起源》[Essay on the Origin of Languages]),或者是前言、注脚及其他相对“正文”来说看似无关紧要的部分。(最著名的例子为德里达的《*Ousia* 和 *Grammē*》[O&G],该文

是一篇长达35页的"注释"——"有关海德格尔的《存在与时间》里一条注释的一篇注释"[1927])。这正好解释了所谓"关键思想"对于理解德里达所写及所读的作品来说,是多么具有误导性。

3.在本章里,当提到德里达和卢梭的法文"原文"的时候,我不止一次觉得有必要用引号括着"原文"这两个字。按常理,我们可能认为法文版才是原文,英文翻译次之。不过德里达认为,翻译并非次要,翻译反而是所谓原文存在的**条件**。德里达跟随德国犹太裔作家瓦尔特·本雅明(1892—1940)于《译者的任务》(The Task of the Translator)一文提出的观点,指出"原文"必须是可译的(translatable):"原文的结构需要被翻译"(DTB 184)。他在另一场 58
合又说,"'翻译会增强并修改原文"(EO 122),而这种"修改"的工作同时是增补性的,也是必要的。

4.增补为我们提供了一个思考批判话语或元语言(metalanguage,即用来讨论其他语言的一种语言)的方式。以文学批评和理论为例,两者在某些方面,显然在增补着他们所谓的评论对象,即文学作品。我们会说,这个是主要文本(小说、诗歌等),那个是次要文本(论文、专论等),但只要考虑到增补的存在,主次之分就会彻底颠倒。我们都很依赖元语言,以为可以用语言本身去谈及另一种语言。而元语言的运作其实无处不在,大至一般评论(所有评论都理应是一种元语言,是关于文学"对象"的元论述[metadiscourse]),小至你正读着的这个句子都是元语言。而**在那个句子的过程里**提及"这个句子"就已经是一种使用元语言的举动。用语言学术语来说,这叫作"指示"(deictic),意思是把句子本身的语言作为假定性的论述对象(putative object)。日常生活中不缺元语言的影子。但元语言这个概念意味着增补的逻辑。有点令人抓狂的是:元语言既是必要,亦不可能。我们不能没有元语言,但没有元语言是独立的:它同时是其指涉对象的一部分,同时也不是其一部分。我们可以看看日常生活中的例子,在争吵中,其中一个人恼怒地说:“我不敢相信我们的对话沦落到如此!”这一句表达“难以置信”的陈述是对话的一部分,但同时也是对话以外的一句陈述。相似地(虽然这个例子可能更宏大),如果没有卢梭的文本,德里达对卢梭的解读是不可能的:他对卢梭的看法不能直截了当地从后者的著作中分离出来。元语言是一种寄生主义,跟污染逻辑(the logic of contamination)是分不开的。但这种寄生和污染,这种病毒(virulence,上文提过德里达的这个用词)会同时影响“语言”和“元语言”。解构文本,就是试图兼顾元语言的必要性及不可能,意味着德里达所谓的
59 那种“激进元语言”(radical metalinguistics)——一种“把元语言的不可能……整合到自身内部的元语言”(SST 76)。在第 8 章我会在文学的语境下再讨论元语言的问题。

5.正如德里达指出,增补是“自己(self)的最初起源”(OG 153)。我们所说的自己、自我(ego)或者“我”(I),其实早已陷入了增补的运作之中。正如他在《他者的单语主义》(1996)中指出,那个我们可以找到的**我**,总是占据着“某个不可能搜索出来的位置,那是一个总是指向**其他地方**的位置,它指向其他东西、另一种语言;一般而言,它指向他者(the other)(MO 29)。他在某访问里又说,“‘我’总是有个关于自己的秘密留给‘我’自己”(Dia 134)。这解释了为什么他认为那些纠缠于“身份难题”的人非常“愚蠢”(MO 10),好像那是可以完满解决的问题似的。他认为没有“身份认同障碍”就没有所谓的身份(MO 14)。在《他者的单语主义》里,他旨在证明“身份从来不是既有之物,它不可接收,也不可获得;有的只会是永不休止、模糊不定、虚无幽幻的身份认同(identification)”(MO 28)。简而言之,“身份并不存在,只有身份认同”(TS 28)。而身份认同

跟增补、幻想、想象等概念紧密且无尽地联系在一起。认同过程往往意味着一种添加的逻辑，扮演的逻辑，代替的逻辑。这又涉及一种肯定，它是解构主义的核心。德里达在《心灵：他者的塑造》（以1984年两次演讲为内容）中指出，“我们（总是）（仍然）经历着种种被塑造的过程”（PIO 61）。

# 6

# 文　本

如果增补算是德里达的其中一项“关键思想”，它也只不过是一种“泄漏式逻辑”（a logic of leakage）：不是缺水就是泛滥，形成一股撼动各种边界的力量，扰乱内外分野。换句话说，增补为任何所谓“关键思想”制造了不稳定因素。而我会在下文证明，文本这个概念跟增补的异曲同工之处。德里达为了阐述增补这个概念，对卢梭动用了非常有针对性的解读，而解读中那“奇怪的增补经济学（the strange economy of the supplement）”（OG 154）对其他案例来说一样具有关联性，这也跟他在（全部文章里）所发表的见解完全符合：“意义必定取决于上文下理（context），但上文下理不可能使一切淹没于其内”（LO 81）。德里达总是（在他刚好找到或碰上的）特定背景中开始去论述、去尝试阅读特定的文本或特定的阅读场景。如此一说，不可避免会招致误解，例如不少意见认为德里达是个“文本主义批评家”、“语言哲学家”或“语言学派的思想家”。不好意思，这些名号听起来好可怕，但都不是我的原话。我会尽量简短地解释一下它们错在哪里，以及它们如何误导所有人。

## 62 文本外无他物

《“……那危险的增补……”》(OG 141-64)一文里写有德里达的名句:“文本外无他物”(il n’y a pas de hors-texte)(OG 158)。他如此声称的同时,又生怕读者会忽略这些字显而易见的分量(enormity),便坚持强调:“这句是本文的轴心命题”(163)。或许这六字句会跟“解构”一样,继续引起很大的误会吧。在1994年莫里吉奥·费拉里斯与他做的访谈中,德里达分享了以下的观察:

> 要实行我称之为解构主义的思考方法,首先,要质疑语言学和逻各斯中心主义的权威。因此,它是一种针对“语言学转向”(the linguistic turn)的反抗,这个转向已经以结构主义之名大行其道……虽然解构的确是“语言学转向”的一部分,但实际上它反对的就是语言学!
>
> (TS 76)

事实上,德里达一直最为着迷的,是那先于语言和超越语言的东西,他有时将之称为“力量”。在他早期的文章《力与义》(1963)里他写道:“力量是语言的他者,没有力量的话,语言将不是其所是”(FS 27)。他在1981年某篇访问里又总结道:“解构总是非常关注语言的‘他者’……批判逻各斯中心主义首先就是一种对他者和对语言他者(the other of language)的搜寻”。(DO 123)。

正是在这种背景下,我们可以理解德里达为什么要以标记(mark)来思考,而不是语言。在1994年费拉里斯的采访中,他说:

> 醉心于语言和修辞研究的我认为,两者理应获得巨大的

> 重视，不过当事情到达某个临界点的时候，那最终的裁决权力(the authority of final jurisdiction)既非体现于修辞或语言，甚至不涉及话语权的运作。所谓踪迹(trace)或文本，这些概念都是用来标记“语言学转向”所带来的规限，所以我倾向用“标记”来带入讨论，而不谈语言。首先，标记无关人类学；它先于语言(prelinguistic)；它是语言本身的可能性；但凡与事物或他 63
> 者有着关系，标记就会存在；这些标记无需语言。
>
> (TS 76)

德里达所提到的“最终的裁决权力”，在某些方面来说是先于语言，也超越语言的，这也关系到他在另一些场合提出过的说法：我们决策的时候产生的那一瞬间的“非知识状态”(non-knowledge)，一种“法律门前”的意味。(对此我们会在第 8 章有所谈及，但其实它一直是我们的讨论内容。)

同时，他对标记这个概念的重视，也令我们重新思考动物和动物性带来的问题。德里达质疑并重新审视“大自然和法律之间的恒久对立——也可视之为一种(被视为不谙语言的)动物和(作为言语行为的发起者以及有能力操作法律的)人类之间的恒久对立”(ATED 134)。标记的逻辑超越了所有“人类的言语行为”(ATED 134)。标记在本质上无关人类，它不必属于我们通常所讲的“语言”，但它却可能是一只鼹鼠在泥道里撒下，然后用泥土覆盖的一泡尿：

> 人类社会不可能不书写(也不可能不建立谱系性的标记、不可能不计算、不可能不把事情档案化)，连动物社会也不缺各种宣示主权的标记和举动。要认同这些观察，并不困难，只

> 需放弃对某种书写[即普遍的、字母的、西方的书写]给予特权即可。
>
> (‘ANU’ 84)

在这里至为重要的,是德里达指出的一种理解“‘政治’的全新套路”:它意味着“某种与他者‘非自然的’关系,令我们不再以为人类是唯一的政治动物”(ATED 136)。

## 溢出

这并不是说德里达口中的“文本”(或“书写”)并非一般意义上的文本,只是从一开始,文本就有所增补和有所错位。这种增补和错位,可以从他对本雅明论及翻译和“原文”这个概念的评说中知悉。德里达认为,

64 一篇原创文本(也就是“原文”[orignal]),不可被误会为一种有机体(organic)或肉体;它只能是一种精神(mind)——一种本质上可以无视作者或缔约者(the signatory)的死亡、无视文本的语库(physcial corpus)的东西(a thing)。生存(survival)就是支撑“原文”的一种结构。

> (EO 121)

“文本”由踪迹和遗留物的效果所组成,标记着一种幽灵般的生死逻辑(也可称为“活下去”的逻辑)。德里达认为文本并非一种“有机体或肉体”,这种说法对讨论诗歌和诗性(poematic)都大有启发。(请参考第 11 章。)

“文本”作为德里达的概念,涉及其定义或传统意义上的一种

移位和超越。他在 1967 年发表的《论文字学》里作出骇人的六字宣言(“文本外无他物”[there is nothing outside the text])之后,这种移位一直延续。在《活下去》这篇文章里,他指出,“文本这个问题在过去几十年已经受到了无数演绎和转化”(LO 83)。这篇文章是德里达最为狂喜雀跃、气喘吁吁、恣肆洋溢的作品之一。它集中讨论珀西·比希·雪莱(1792—1822)和莫里斯·布朗肖(1907—2003)最令人狂跃的作品。(这篇文章跟《边界线》一文一同问世,有着相似的狂跃,如果说在《活下去》一文中,有更多“电码”般的片段上下浮动,流窜于划分界线的页底:参见 LO/BL。)在《活下去》中我们可以遇到德里达以“文本”为题所写过的最有诗意和最有末世感觉的声明:

> “文本”从此不再是一个处于完成状态的语料库,也不再是一些封存于书本和书边的内容;文本是一个差异的网络,是踪迹遍布的编织物,无休止地指涉着它自身以外的事物,指涉着其他差异的踪迹。所以文本溢出所有到目前为止加诸于它身上的限制(它没有以未经差异化的统一状态去淹没或浸坏那些限制,反而使它们更为复杂,把限制之网的一丝一线倍大、分割),它溢出于所有被设定为与书写对立的种种界限(例如声音、生命、世界、真实[the real]、历史,及其他所有作为意义坐标的领域——包括身体或灵魂,意识或无意识、政治、经济等)。
>
> (LO 84)

这段引文强调了一点,那就是“文本”这个概念跟“书本”完全无关。例如杰弗里·本宁顿就把“文本”定义为“任何系统性的标记、踪迹或指涉(referral)”(Bennington 2000,217)。上面引文的第二句话 65

（从“所以……”开始）冲破句法的限制，强调的却不是“书写”跟其他东西的对立（例如声音、生命、世界、真实、历史）；反而，所谓“声音、生命、世界、真实、历史”往往与广义的“书写”纠缠不清。

关键的是，“文本这个概念”不再“把‘书写’放在‘消除’（erasure）的对立面”（ATED 137）。这个“新”概念意味着前几章提到的所谓“无边无际的推而广之”（TTP 40），这也扩展了“文本”与“书写”的覆盖面，使它们不再是“被认证的主导性概念”（LO 83）。这*并非*意味着我们可以作出“一切都只不过是书写”或“现实只不过是文本”等结论。反之，事情变得*更加*复杂。我们要用新思维去思考“极限”、边缘、框架、界限和边界等问题。德里达说我们需要“重新思考何谓指涉（reference）”（Dec 19）。这并不是说“指涉物（referent）并不存在”，而是“指涉物本身就是文本”（Dec 19）。任何有关指涉的思考，都难以脱离德里达在《活下去》一文中所提到的“差异网络”与“踪迹结构”。我们必须认真处理“文本并非在场”这个想法（ATED 137）；文本在不同方面来说始终是“察觉不到的”（PP 63）。德里达这样说的目的，是要把“文本这个概念改造，令它更为广义，令它几乎没有定义上的限制，也就是说，在任何情况下它都没有在场的规限或可以察觉到的规限，再没有规限*本身*”（BBOL 167）。

## 语境外无他物

“文本外无他物”，德里达如是说；有些人认为这句“关于解构的口号已经被严重曲解”（ATED 136）。其实，德里达也提出了另一个比较清楚且歧义较少的说法：“语境外无他物”（ATED 136），甚至是更为平淡无奇的论点：“语境就是一切”（Bio 873）。“语境”在这里可以理解为“声音（speech）、生命、世界、真实、历史等”；引

用德里达的说法:“解构旨在把无边无际的语境纳入关注范围,将
可能的最敏锐和最广阔的关注付诸语境,从而付诸一种不断重构
(recontextualization)的语境动态”(ATED 136)。基于此,我们再次
拥有了“最敏锐”与“最广阔”的关注的双重姿态,这是对幽微细节
与无尽溢出的重要性的肯定。“没有语境则没有意义可言,但语境 66
并不能淹没一切”。这也是德里达的文本以不同的手法,不断重申
的观点。

但是,“没有语境则没有意义可言,但语境并不能淹没一切”这个观点之所以成立,是基于一种怎样的结构性因素呢?有时候德里达把这种结构称为“文本”或“书写”,有时又称为“踪迹”、“增补”、“延异”、“残余物”、“可重复性”(iterability)、“标记”等。这一连串的“非同义替代品”(non-synonymous substitutions)(Diff 12)正好说明,对这种结构的称呼纯属*次要*。德里达在《活下去》中说道:“我为这个结构起过很多不同的名字……重点是,命名只是次要。命名很重要,但它在过程中身不由己,受制于外力”(LO 81)。

一如往常,在德里达的作品里我们可以看到那陌生、诡异的力量让标记(或文字,或书写等)成为可能。他在《有限公司 abc》一文中对此作出了很好的说明:

> 如果我们承认,书写(和一般所谓的标记)**必定能够**在没有发送者、没有接收者以及没有语境的情况下发挥作用,那么这就意味着,书写的这种权力,这种**能耐**,这种**可能性**,**总已必然地**装嵌于标记的运作过程,又或者是标记的运作结构当中;这种**可能性**是标记的结构中**必要**的一部分。
>
> (LI 48)

长远来看，一切终将消失。但有些标记的寿命会比一般标记更为长久。德里达就曾经把正典文本或“伟大的（文学、哲学、音乐或电影等）作品”的传世价值以及“抗蚀”能力，比喻为一种“核废料”，他因此讨论到“核废料与‘旷世杰作’之间那神秘的亲属关系”（Bio 845）。我在今天早上发给朋友的电子邮件，无疑会比托马斯·哈代的作品更为短命，但它们都受同一结构所限，因为标记（mark）如果要正常运作，在它发挥功用之前，发送者的缺席必须被标示（marked）为一种可能性。德里达把这种“预先”的装置或标记的标示（marking of the mark）称为标注（*re*-mark）。他说，这诡异的标注“是标记本身的一部分”（LI 50）。

## 67 可重复性

问题的重点是“可重复性的结构”，或德里达所讲的可重复性（iterability）（48）。即使作者已死，标记本身必须可被重复及依然可读。标记的结构就是，它“可被重复”（47）。在《签名事件语境》（1971）一文中，德里达指出可重复性的英文“iterability”由拉丁文的 *iter*（“再次”）和梵文 *itara*（“其他”）构成，而这种关系则“把重复这个行为，跟异质性（alterity）捆绑在一起”（SEC 7）。在我死后，我的亲朋依然可以读到我的电子邮件，那邮件依然是可读的。德里达的这个观察不但适用于传统或一般意义上的“书写”或“文本”，它也适用于声音（speech），德里达称之为“声音中的书写”（参见 Dia 140）。我们看看那史无前例、令人犹有余悸的例子：在 2001 年 9 月 11 日坠毁于世界贸易中心的飞机上，有人打电话到恋人的手机作最后的留言。电话和语音录音技术，使得一直以来运作于意义生产结构中的东西更清晰、更生动（如果我被允许使用这些词的话）。这种意义生产者缺席的必然的可能性，我们可称之为“死亡”

(参见 SEC 8)。不过,名字是什么倒是次要的,你也可称之为“踪迹”或“不存在的提示”(10);它如鬼魅般:那“必然的可能性”并非在场,也并非不在场,它只是鬼魅缠身。德里达于是宣称:

> 书写之所以是书写,它必须继续“有所行动”且继续可读,即使所谓的作者不再为他写过的作出回应及承担责任,(不管是什么原因,不管是否因为他暂时缺席、是否因为他将会死去,或者是否因为他没有动用绝对的真心实意),他已经把他充盈的叙事欲望签写到他的一字一句,令那些似乎是以“他的名义”所写下来的一切得以延续。
>
> (SEC 8)

他对书写的观点中或许有其扭曲或诡异之处;因为他竟然把“充盈的叙事欲望”、那“绝对的真心实意”——也就是纯粹的在场(pure presence)——和死亡画上等号。我们的欲望总是朝向特定目标进发:“说够了没有啊? 可以回家了吗? 我们什么时候可以去酒吧喝一杯?”我们沉醉于目的论(the teleological)之中(*telos* 于古希腊语 68
中解作“目标”、“目的”或“作用”),欲望当中总是标记着目的论那不能磨灭的印记,并驱使着我们;于是造成了一种双重束缚。德里达简洁地概括了这种双重束缚状态:“充盈(plentitude)就是终点(也就是目标),但终极目标如果得以实现,那就是结束(及死亡)的来临”(ATED 129)。

在这里,我们应该及时指出人类和机器之间的关系:“书写就是生产标记,而标记本身会构成某种生产机器;即使我在未来于世上消失,原则上,我的死是不会阻碍标记继续运作的”(SEC 8)。像机械般不停重复,那种重复性(repeatability)依然有着独异性(singularity)

的痕迹。即使文本在某种程度上没有改变,语境却永无止境地变换。具有可读性的东西,例如涂鸦,例如"拥抱自由吧",或是一句平常的"我忘了带伞"等,都必须在"结构上从活生生的意义中解放出来"(Sp 131)。德里达认为可读的也必须是可重复的,它必须有一种潜在的能力,令它在原则上得以在不同语境下重新述说("语境并不能淹没一切"),同时每次也有其独异之处("没有语境,没有意义")。于是,可重复性同时意味着"重复"(相同)及"异质"(差异)。

## 眨一下眼,总结一下

我在本章一开始就强调,德里达不是语言哲学家或文本主义批评家,即使对语言、语言学、修辞学、文本、言语行为理论等都深感兴趣。他最广为人所称颂、甚至可算是恶名昭彰的名言("文本外无他物")里所指的"文本",理应被理解为一种"无边无际的推而广之"(TTP 40)。文本犹如一片"踪迹之网",被"不在场的残余物"(nonpresent、remainder)的逻辑支配,也就是说,文本之内,"完完全全的在场"并不可能,"绝对的真心实意"也同样不可能。在不同层面上,"标记"这个概念,也许比传统狭义上的"文本"或"书写"更能让我们有效思考德里达的作品;标记一下,好比眨一下眼,德里达就曾经举例:"我享受音乐的时候,总是跟人使眼色"(LI 50)。他认为不在场的残余物的逻辑构成了一种法律,其影响所及不止
69 于"书写",更触及声音、身体语言,甚至是各种经验本身。他又指出:"如果大家同意所谓的经验本身只是一连串差异性的标记,而且当中并没有纯粹的在场,那么我更应该把这一法律应用于所有'经验'之中"(SEC 10)。

# 7

# 延 异

我尽量以我最纯正的英文朗读这个词:“differance”。要留意,我读出来的并不是“difference”(差异),而是以“a”代替“e”的“differance”(延异)。德里达指出,在法文里,“差异”跟“延异”读出来的时候“听不出任何分别”(Diff 3);用英文读也一样。我建议大家尽量把它们听作同音字。(法语字母里有所谓“e-acute”[e上面有一撇],可写作 *différance*:在这里我把那一撇除去,采用一个显然更为“英语”的版本。)延异在声音(voice)里发生,但同时也在书本页面或电脑画面上的鬼魅空间里发生,这种连带的关系一直出现于德里达的作品之中。延异其实也是一连串开放的(也是上文提到过的)“非同义替代品”(Diff 12);延异这个词乃德里达自创——但你已经被我误导了,其实,它不是名字,也算不上词汇。德里达对延异最为集中及详细的讨论,要数 1968 年一篇叫作《延异》的论文;这篇文章算是把《论文字学》(1967)(OG)、《声音与现象》(1967)(SP)和其他早期的论文中的观点扼要成精华。在文中他写到,延异“不是一个字词,也不是一个概念”(Diff 7),它“不是一个名字"(26)。我们不应问延异"是"什么,这种发问有误导性,它令在场得以成为可能,同时也令在场跟自己本身产生偏差。这听起来有点令人困惑,我承诺我会再厘清一下这些难题。但我必
72 须进一步指出,从任何方面来看,延异是——不,应该加上引号——延异"是"令人摸不着头脑的。

下面你将会看到令人解脱或令人可怕的长句,也是一大段对延异的描述:

> 延异使意义的运作及运行变得可能,但条件是,每一项"在场"的元素都要跟它自身以外的其他事物产生关系,从而令它自身保存着过去的元素所留下来的标记,而它自身已经被它与未来的元素的关系所标记和玷污;这玷污的痕迹,与被称为未来的事物有关,但也与所谓的过去有关,最后更因着现在与非现在,及其绝对他者的关系,构成了所谓的现在:即是说,作为非现在的过去和未来,绝对不可能是一种现在。现在和非现在,两者之间必须有一段间距,现在才会成为现在,但这个构成现在的间距本身必须同样地把现在本身切割,沿着现在的边界,把以现在为基础所思考出来的一切形而上学的语言(metaphysical language)以及每一个存在(being)切割开来,特别是存在中的物质(substance)或主体(subject)。
>
> (Diff 13;引自 SP 142-3)

接下来我会以几个有关撰写(或者阅读)购物清单的例子,去厘清这段难以理解的引文。对德里达(或所有人)来说,举例是非常重要的。德里达写道:"例子往往有超越自身的重要性,它打开了一

种举证的维度;举例的作用,首先就是为了服务他者或他人,而非固守自我”(SM 34)。我会用我的例子(因此也不只是我的)解释何谓延异。不过我首先要讲清楚,我可不会说:“看,这里明摆着的不就是所谓的延异吗? 你看不到吗?”延异的存在,是举例的必要条件;延异确实是语言和意义的条件,也是“时间化为空间,空间化为时间”的必要条件(Diff 13)。

## 如何成为国际乒乓球比赛的裁判

当代评论家弗兰克·克默德在《结局,待续》(Endings, Continued,1989)一文中回顾自己的杰作《终结的意义》(*The Sense of an* 73
*Ending*,1967)。在文章开头他谈到德里达的《论文字学》,另有所指地直接称之为一部“思想界的惊世巨作”。虽然他自问也是学术殿堂的“专业户”,但他还是认为德里达“精湛娴熟的高超技艺,令他尴尬得不敢妄称自己是德里达的同行,更别说同类(same species)了”。他接着说,“要持续不懈地关注延异……这恐怕非人性所能及”,更指出“即使(德里达所说的)千真万确,我们大多数人还是会装作若无其事”(Kermode 72-3)。

克默德的论点触及精神分析所讲的“否认”(disavowal)。所谓“否认”可粗略地翻译为:“我知道德里达描述真确,但我会尝试继续若无其事地过我的生活。”(精神分析对德里达的作品非常重要,尤其是弗洛伊德的著作。德里达一直承认精神分析提出的不同概念,都有着令人不安的重要性,例如我们刚提到过的“否认”、书写与记忆、作为建制的精神分析、无意识、意义[sense]和症候的延迟、忏悔与自传性写作、理性、真理与谎言、欲望、反抗、文学、偶然与迷信、心灵感应与诡异等。可参见 FSW, T, SF, FV, F, MPI, GARW, MC, AF, RP, PS)。然而,德里达所指出的“延异的运作”,也许并没有克默德想象的那么难以承受。毫无疑问,一部“思想界的惊世巨作”考验读者的能耐,也没有人会装糊涂,够胆把《论文字学》和德里达其他作品当成“小菜一碟”;如果真是如此,那么我们千万不要忘记弗里德里希·恩格斯(1820—1895)对黑格尔的评价:“这位先生的一字一句都需要时间来消化”(参见 Pos 76)。不论是哲学或文学,伟大的作品总是会激起某种程度的不解、困惑和惊讶。伟大的作品反过来会改变读者和时代,不过这需要时间。从某些方面来看,我们其实仍在消化柏拉图的智慧,例如我们无法肯定,他提出的“药”(pharmakon)是毒药还是救药,也可能同时是毒药**和**救药(参见 PP 70ff)。德里达指出。“人们依然要读柏拉图,而且要经常读;他依然继续在世上留下笔迹”(EO 87)。

74　克默德提到“要持续不懈地关注延异”,这是有点奇怪的讲法,正如我们不可能要求人们“持续关注”无意识或者相对论之类的任何事情。在“巨蟒”(Monty Python)这个英国喜剧团体还没有出道之前,成员之一埃里克·艾多尔就参演过一部名为《别调你的设置》(*Do Not Adjust Your Set*)的电视喜剧。如果我没有记错的话,其中有很搞笑的一幕:当中,拿澳洲口音逗人发笑的艾多尔正扮演乒乓球的国际裁判,在镜头前不停左顾右盼,骄傲地以权威的口吻说:“我已经做了 15 年乒乓球裁判!”很难想象会有人如此向往这种职业! 而克默德的误导之处在于,他表露了一种对**现在的迷信**(presentist)。他把延异描绘成一种在场(presence),以为延异是可以被“持续关注”的“事实”(他做了 15 年裁判)。但要搞清楚,所谓延异,其实就“是”“现在”(the present)与“现在”自身之间的差别;延异使“现在”成为可能,也同时令“现在”不再可能。所谓“同一时间”(at the same time)里面的“同”(same)字,真是鬼魅。在埃里克·艾多尔那一幕演出里,他“持续”注意着比赛过程,似乎是一种“在场”的状态,但这一幕在电视播放的录影片段不是已经鬼魅了吗。(所有电视都是鬼魅的。参见:《电视的超声波学》[ET]。)他头部的动作,甚至他的对白(“我已经做了15年乒乓球裁判!”)只能在一种陌生的重复性和差异性的条件之下才能产生意义。如果他每次摇头,每次说话都是可以重复的,而且重复之中并非绝对等同于它自身,那么每次摇头,每次说话才会产生意义,才会变成与众不同的个体。还记得上一章眨眼的例子吗,德里达这样说:“存在的一切,并非存在;与自身等同的一切,并非等同,也并非独一无二,除非,它在*自身之上加诸*一种被重复的可能性”(PP 168)。

## 阻截所有通往神学之路

延异包含了“创异”(differing)和“延后”(deferring)两个概念。太初有道,延异就已经发生了。在《声音与现象》的最后一章德里达写道:

> 延后是种延迟,而创异就是主动创造各种差异;在前两者可以被分别看待之前,延异早就已经在蕴酿之中了。当然,**如** 75
> **果我们以意识/在场,又或者是非意识(nonconsciousness)/缺席等概念去思考延异,延异会变成无法想象的东西**。
>
> (SP 88,黑体为本书作者所加)

和增补一样,延异令人抓狂。实际上,延异和增补之间的关系十分清楚。在《声音与现象》中德里达写道:“增补实际上就是延异”,“它是一种创异的行动,同时撕裂在场,拖垮在场”(SP 88)。他在《“……那危险的增补……”》这篇文章里解读卢梭的时候又指出,“增补又名延异”(OG 150)。两者同样“既不是在场,也不是缺席。

本体论(ontology)不能处理延异的行动和运作”(OG 314)。所以我们不可能对延异进行“持续关注”,而且“我们不可能以意识为基础去理解延异”。不过克默德也有他的道理。他正确地指出,德里达的写作有一种追根究底的专注力和锲而不舍的视角,他文风谨小慎微,你大可把他比喻成一位为乒乓球奉献一生的裁判,又或者是“空中飞人”(他曾经把自己形容为空中飞人,参见 T 499)。

你可能会嘀咕:“不可能以意识为基础去理解”,听起来像极了传教士的台词,也的确会令某些读者认为,德里达把延异当作是上帝的另一种称呼。不过,请不要被误导,延异并非名字;名字意味着“相对单一和原子化的结构”(Diff 26)。而“延异”只是指出一项事实:“所谓的原子并不存在”(提醒一下,我在前几章曾经引用过这句格言式的主张:Dia 137)。“延异不是任何物件的名字,也不是眼前可见的‘存在’(being)的名字。正因如此,它也算不上是个概念……[也即是说]它不是*某些东西*的概念”(引自 Glendinning 2001,85)。如果延异是不可命名的,那么它也“并非难以宣之于口,连唤以其名也终归徒劳的存在(Being),例如上帝”。延异其实是“一种游戏(play),它使一切命名的效果成为可能”(Diff 26)。德里达在 1971 年的一次访问中更认为,“延异阻截一切通往神学的道路”(Pos 40),它理应被理解为一种质疑:“名字本身有没有名
76 字”;它也令“独一无二的名字”这种念头不再可能,即使“延异”不可避免地依然“陷于”“命名的效果”和“名字的替换链”中(Diff 26-7)。德里达的论点其实再简单不过:“没有任何主体(subject)可以是延异的代理、作者和主人……主体性和客体性同样属于延异的一种效果”(Pos 28)。

《延异》这篇文章充斥着各种弦外之音,频繁地引经据典,其中讨论到不少哲学家,包括黑格尔、索绪尔、胡塞尔、伊曼努尔·列维

纳斯(1925—1995)、亚历山大·柯瓦雷(1882—1964)、吉尔·德勒兹(1925—1995)和雅克·拉康(1901—1981),但讨论的关键还是基于三位对于理解德里达来讲尤为重要的思想家,分别是:尼采、弗洛伊德和海德格尔。德里达对他们三位的作品都有锐利细致的解读,他甚至指出,"延异"这个新词并非他自己所创:"延异在他们三个哲学家的作品里已经呼之欲出了"(Diff 17),因为这几位思想家一律质疑"所谓意识本身并非确凿之物"。如果"所谓意识就是一种自我在场(self-presence)的发表欲望[*vouloir-dire*]",那么他们三位的作品同时也为"在场的形态(form)或时代(epoch)带来震荡"(Diff 16)。(还记得在第 2 章我们讨论过自恋及我思(*ego cogito*)的去中心化,以及第 3 章里,解构被视为一场大地震吗?)因为种种原因,"延异"应该括在引号之中。延异也许真的不是、不完全是、也不太像一个词汇;它不属于德里达,不属于尼采,不属于弗洛伊德,不属于海德格尔。在前面几章我们为解构作出过令人有点晕的定义,它旨在"实践一种对引号谨慎但……广泛的运用"(SST 77)。和不在场的残余物或者是增补一样,延异作为一个"概念",它使概念成为可能。没有延异,也就不会有所谓"关键思想"。

## 列写购物清单

我们试着用购物清单这个例子来解说一下。延异就是,列写购物单的时候,已经将会在未来发生的事情:这是一种在场和身份的创异及延后,德里达写道:

> 在"我"列写购物清单的**那一刻**,我已经知道(这里我强调我"知道"(knowing),因为这样说会方便我指出我与单上物件的关系)这张清单之所以成为清单,那是因为它暗示了我的缺

> 席，也是因为清单把我从清单本身隔离出来，令清单可以在我
> 77 不"在场"以及其他时空下继续发挥它的功用，即使我的缺席只是一种列写清单这个行为所意图弥补的"记忆的缺席"，哪怕只是一刻的缺席，它很快已经变成下一刻的缺席；当刻写作的缺席，手上拿着圆珠笔的作者的缺席。无论当中的差别有多精细，它就像每一标记上的 *stigmē*[古希腊语"点"的意思]，已然分裂。即使名字相同，即使被赋予的自我相同，购物清单的发送者和收件人是不一样的。
>
> (LI 49)

即使你不是帮朋友或邻居买东西，你走进超市也大概会失去常性，变得不能自已。在放满冷冻蔬菜的通道犹犹豫豫地来来回回，望着购物清单的你(作为接收者)，已经不再是发送者本人了。这结果你一开始就预料到了，否则你不会想到要先把购物清单列写出来。不过你依然相信写下来有助于记忆，换言之，你相信增补的作用；增补是一种营养补充剂(supplement)吗？增补？什么是增补？答案也许你忘了，你可能要折回之前那一条走廊的货架，或者返回前面的好几章找找看。

"事实上"，德里达接着说，"如果这种自我认同，或自我在场(self-presence)真的如此确凿无误，那么列写购物清单就显得多余，甚至有点接近强迫症了。如果发送者的在场对接收者来说真的如此稳妥，那为什么要写下来呢？"(LI 49)。这里我们可以借鉴埃德加·爱伦·坡(1809—1849)的一句具有讽刺意味的话："如果你想立刻把事情忘得一干二净，你只要把它写下来告诉自己：这件事情必须记住。这就行了"(Poe 1978a，1114)。虽然爱伦·坡的说法跟德里达正好相反，但两者都涉及书写、记忆和遗忘之间怪异但亲密的

关系;书写好比一种药(pharmakon),是毒药也是解药。书写的药(德里达在对柏拉图非比寻常的解读中对此有所探究,可参见 PP)对记忆来说难言好坏,它有助于记忆,也有害于记忆。德里达接受采访时曾记这样说:“坏的药有能力寄生在良药里”(RD 234)。难怪坡也要把想法写下来。我们或许会记得,“药也解作配药方”(参见 PP 71)那么购物清单则算是一种药方了。

## 有关“意识”的新问题 78

“一般而言,没有文本是在场的”,德里达在他早期的精彩论文《弗洛伊德和写作场景》(1966)中这样写道:“文本甚至不可能在过去任何时段中曾经在场。文本作为源头,或者文本作为一种经过修改的在场,都是不可能”(FSW 211)。要成为某种“在场”的自己,文本在本质上必须是污浊的、不纯的、开放而鬼魂缠身的事物,由无数的踪迹组成:没有文本是完整而完全地在场的,不论现在和过去都是如此(就算是那一张你进入闹市之前在家里安静坦然地列写的购物清单,也从不在场)。正如前面的章节指出,意义生产的结构必然意味着一种可重复性(iterability)。在购物清单里的每项元素也是可重复的(否则你将无法读懂它):这一解读过程中的重复性意味着购物清单总是指向过去的文本和过去的元素(大概要由“购物清单”这种书写的历史源头算起),同时也指向未来。但“过去”跟“未来”从来没有完全的在场,这里没有,其他地方也没有。我没有沉溺于病态的意思,但容许我提醒一下,死亡的可能性在这一情景中是必要的。我可能会在去超市的途中,死于交通事故,但我的购物清单应该还是可以被人阅读的,比如你(先假设你因为某些伤感的理由,对我死后剩下来的购物清单有兴趣)。如果对你来说它是可读的,这种可读性正是因为*你可能发生的死亡*而结构性地存在。记得德里达在《签名事件语境》一文说过:“如果书写并不能在接收者死亡之后被阅读或被重复,那它就不算是书写了”(SEC 7)。

这种死亡的可能性不“现存”于未来,也同样不“现存”于过去:幽灵(spectrality)在所在源头(origin)之中,鬼魅(ghostliness)就是意义生产的结构。这不关乎你是否认为在前往超市那20分钟内死亡是不是一件最令人难受的意外;问题是你购物清单中的每一个记号和元素都**的的确确**在闹鬼,那是一种“预先的重新标记(re-marking)”(LI 50),一种“预先”已被掏空的标记,也正因如此清单依然可读,不论你有没有这种福气顺利到达超市。购物清单能够(再一次)在不同语境下被阅读,正是因为“不在场的残余物”,
79 即重复性的逻辑的功劳。清单一定要跟原来的语境产生裂缝,而这种裂缝早已写进意义生产的结构当中。德里达写道:

> 要定位[这源自它的所谓生产或“源头”的裂缝或切断]它,不必去想象发送者或接收者的死亡,也不必放购物清单在口袋里,甚至不必为了打断自己片刻而把笔从纸上拿起。从刻下标记的一刹那开始,裂缝就已经划下。
>
> (LI 53)

购物清单中的每一个元素,每一个标记都是裂缝的一种表示,都关系到“绝对不同”的东西(Diff 13)。

对你来说,你的购物清单永远不会是一种纯粹的在场,甚至在你脑海里也不在场。不过这不是说,德里达是在暗示我们要放弃“在场”这个概念;他爱“在场”,更被它迷住了。德里达与普通人一样,以他特立独行的方式,栖息于现实世界之中。他与普通人一样要上厕所(即使在洗手间里他和他的猫咪会进行与众不同的活动:参见 ATA)。无论德里达声称他是多么地爱好“静坐”(参见 TS 42),他还是和常人一样奔波忙碌,要赶火车、赶飞机,要在合适的时空和地点准时现身、出席。我们的生活不可能缺少“日期”、“时间表”又或者是那些我们为了“减少或掌控复数的差异、截停差异、锁定差异”而向“时间和空间抛掷的网状符码”(AC 419)。问题不是要摆脱在场这个概念,也不是要摆脱人类的主体(在上述例子里,主体是购物者)。

相反,最重要的是我们对“在场”、身份及主体等问题有没有创新的理解。所以德里达认为有必要对“所谓‘意识’这个问题重新演绎”。他问道:“当今世上有比‘意识’更为*尖新*(*novel*)的问题吗?”(H 87,斜体为本书作者所加)。正如他在《有限公司》一文中指出,最重要的是要“严谨地重新剖析‘在场’本身的价值、‘在场’对自我或他者的价值,以及差异和延异的价值”(LI 49)。我们有必要去思考“延异”为何物,但如前文所述,“如果我们以意识,亦即在场,又或者是非意识(nonconsciousness)或缺席等概念作为思考延异的基础,延异恐怕会沦为难以想象的东西”。即使我们不能“把文本当作一种原创或者是处理过的‘在场’”(FSW 211),我们还是要面对这种状况。这是独一无二的一种处理:我们必须处理 80
无法估量的东西(the incalculable)。延异鼓吹的是一种“令人不安和不舒服”的思考方法(Diff 12),这种思路与任何“决策机制”(FSW 203)都格格不入。

延异作为一种奇怪的“逻辑”,它同时带来了身份和差异、创异和延后、重复性(repetition)和他者性(otherness);它就像乒乓球一样难以触摸:如果“延异是不可想象的”,这是因为“相同和完全相异的东西……不可能*同时共在*”(Diff 19),这种“完全相异”的东西就是未来。购物清单有望成为可读的未来,它并不需要作者或理想读者的在场,它是一种将临的未来(future to come),那是绝对不可预见的,不可知的,彻底不能确定的未来(参见 TS 20-1)。因此,德里达在一个采访里说道:“延异是一种思考,它希冀,它虚位以待,以迎接正在到来或将要降临的未来”(DA 534)。

## 伊丽莎白·鲍恩的购物清单

我们现在转到文学作品作讨论。这张购物清单出现于伊丽莎白·鲍恩的杰作《心之死》(1938):

一块薇露利雅[1]香皂放在浴室,
半打 15 度的墨水笔[2],
一锅鲑鱼和虾膏(少量),
一团皱巴巴的钢丝刷
一瓶氧化镁药片[3](小瓶),
一瓶啡肉汤[4],
一团“天然”羊毛(用来缝补迪基的几件背心),
一个电灯泡,
一棵生菜,
一块用长条纹帆布,替换折叠椅的旧布,
一组鲸鱼骨。用作紧身束腹(corset),
两对羔羊肾脏,

---

1 原文为 Vinolia。——译者注
2 原文为 Relief nib,是一种笔尖从右边向下倾斜 15 度的墨水笔。——译者注
3 原文为 Bisurated Magnesia tablets,是一种帮助消化的胃药。——译者注
4 原文为 Gravy Browning,由焦糖、糖蜜和辣椒构成的一种啡黑色汁液,用于调味。——译者注

半打小螺丝，

一份《教会时报》(*Church Times*)。

(Bowen 1962,154)

这是希克姆(Heccomb)夫人的购物清单;她是肯特(Kent)海边一间 81
房子的女主人,而《心之死》的主角——十六岁的孤儿波西亚(Portia)要在她的家里做客数月。希克姆夫人的购物清单可能不会令人垂涎三尺,但依然奇怪得令人印象深刻。它就像一帧老照片,唤起另一个时空:不再存在的一切(不仅是氧化镁药片,那棵生菜也不再存在),以及不再存活的生物(鲑鱼、虾、鲸鱼、羊和人)。这张购物清单里唤起的独特时间性(temporality),也可以在小说更早的段落里,波西亚的朋友莉莲(Lilian)登场的章节中感受到:

波西亚在想莉莲可以有怎样的生活……莉莲声称自己生活枯燥乏味:她尽量外出,在家的时候她总是梳洗头发。她来回踱步,脸上挂着颇为宿命的表情,像极了那些照片里后来被谋杀的女孩。

(Bowen 51)

德里达说:“生命将会非常短促”(A 49),“就好像我已经死了一样”(AI 215-6)。德里达是鲍恩的晚辈,但她跟他一样,在哀悼及其延后了的后果、当下的鬼魅性,以及死亡作为声音与书写的条件等哲学问题上,都堪称伟大的思想家。

《心之死》里面的购物清单具有文学性(literary)。“文学性”并不简单地等同于“虚构”或“想象”。你大可指出,真实的希克姆太太从不存在,又或者指出羔羊肾脏纯属杜撰,市面上根本没有售卖这种食材等。可是德里达的文学性另有所指,他提出“文学本身,跟意义(meaning)和指涉(reference)之间总是一种*停顿*的关系”(TSICL 48)。当我们读到钢丝刷或啡肉汤又或是电灯泡的时候,总会联想到“实物”,但同时文字与实物之间是一种*停顿*的关系。更具体地说,希克姆太太的清单有多大的文学特质,我们是要通过叙事角度的呈现才能看得一清二楚。就好像我们都会倾向于认同清单是“她”的,但把清单呈现给读者的不是她自己,而是十六岁的孤儿波西亚对希克姆太太采购的复述。

换言之,购物清单已经成为别人的东西。这是一张波西亚*事后*列出的购物清单,对希克姆太太的表述作出的一次复述,是一张
82 死后的购物清单,也是购物清单的验尸报告。在这层意义上,叙事声音里身份重叠倍增,四处播撒(dissemination)。我们不能确定,购物清单属于谁。是希克姆的,也不是她的;是波西亚的,但也不是她的;是属于全知(或更准确地说,有心灵感应的)叙事者的清单,但也不是。在这种意义上,清单的确具有德里达所强调的文学特质,他把文学定义为“赤裸裸的双声述说装置(being-two-to-speak)”(GT 153),而在这里大可改为“双声写作”(being-two-to-write)。(在第10章我会再讨论这个定义)

在《心之死》里,以下的段落正在出现于希克姆太太的清单之前,当中明确地叙述到波西亚的观点:“波西亚从来没见过如此频繁地掏腰包买东西的人,对她来说……希克姆夫人的花费似乎算是鸡毛蒜皮了”。购物清单出现之前作者又这样写道:“每项物品都是少量地按每天的需要采购,不多不少。就说今天吧,她买了以下的用品”(Bowen 154)。但如果清单是希克姆自己写的,她又需要特地在物品后面强调“放在浴室”,又或者“用来缝补迪基的几件背心”,甚至有必要说“一份”《教会时报》吗?但反过来说,我们又

应该假设购物清单的作者是波西亚吗？我们应该把它当作谁的声音来倾听阅读？种种迹象表明，这是文学性质特别强烈的一张购物清单。首先他开写作人的玩笑，对林林总总写作工具有着一种内行人的讲究（“半打 15 度的墨水笔”），另外清单非常滑稽地连“天然”两个字也要打上引号（“一团‘天然’羊毛”）、甚至过分单“一”地强调数量：“一个电灯泡，一棵生菜，一块用长条纹帆布，替换折叠椅的旧布”。我们永远不会知道这“一”件“一”件的东西是波西亚还是属于希克姆的。不过鲍恩开出的的确是一张独异（singular）的购物清单，也可视为独异性（singularity）的例子或者是验尸报告。验尸报告指出了独异性的不可能，也即是说，独异要成为独异，它必须是不纯正的、可重复的或可替代的。

德里达在上文对叙事的见证人（witness）所展示的独异性和不可替代性所作出的讨论，同时也可用来形容思考和写作这两种行动：“例子本身是不可替代的，但同时困局（aporia）依然存在，而不可替代的东西必定也是一种模范性的存在，换言之它是可以替换的。那不可替代的一切必须当场被加以替换”（Dem 41）。如果“解构是一种与文学作和解的过程”（Dec 9），那么最主要的原因必定是因为文学作品（例如《心之死》）为我们提供了一种特别深刻的差异逻辑（differantial logic）。那必须被替代的，就是“不可替代” 83
本身。在场的现实（the present）错乱失序（out of joint）。购物清单鬼魅阴森。购物清单从来不属一己所有。

## 购物清单没完没了，但总有尽头

最后我想把讨论带回到《有限公司》一文提到的购物清单。我们并不知道清单上的内容：它抽象又神秘。面对着德里达购物清单中的鬼魅之处，我们必须有心理准备去接受清单上以及清单里面可能什么都没有(没有“内容”),同时/或者,它可能是一张无止境的没完没了的清单。这两种可能性并不相互排斥;因为在这两种情况下,清单内容都效果显著地难以阅读,其意义均不能解读。所以问题的重点在于差异是一种“没有意义”的“思想”(OG 93),这种“思想”只是一种*效果*,所谓“思想”只是“*延异*的多重力量以及论述(discourse)或意识的虚幻主权(illusory autonomy)所产生的一种效果”(Pos 49)。延异鼓吹我们对意识及在场作出另类的阐释。德里达认为,我们应该“毫无留恋”地肯定“延异”的价值,甚至应该“报以笑声”(Diff 27)。重要的是我们应该承认,延异其实好比一种“生命的精华”,而生命则仿若“踪迹”(FSW 203)。他在《论文字学》里宣称,延异的思考其实“尚未开始”(OG 93)。所谓“延异之国”([*royaume*,也可解作“境界”或“私人世界”]也并未实现;相反,我们“心里面对过去或未来的‘在场之国’的欲望”,有种被“延异威胁、吓怕了的感觉”(Diff 22)。我不断强调,“延异”不可能是个提纲挈领的用词(master-term)或字眼(master-word):命名总是次要的,而清单总是不断开放自身,接受着增补、分化和增殖等过程的影响。这也是我在本章开头提到的一连串开放的“非同义替代品”,这串替换链串连起“踪迹”、“文本”、“书写”、“增补”、“药”、“延异”和“购物清单”等概念。正如德里达所总结的:“按照定义,清单上的分类工作(taxonomy)将无限期地继续下去,没有终点(closure)”(Pos 40)。

# 8



# 世上最有趣的事情

在这本书里面，我一直试图强调，解构不是一种方法，也不是解读文本——尤其是对文学作品——的工具或技术。相反，德里达指出："在作品里面解构已经发生，尤其是在*文学*作品里面"（M 123）。与其说，要去解构柏拉图的《斐德罗篇》或乔伊斯的《尤利西斯》，不如说这些文本已经*在解构当中*。同样地，我们并非要去解构法律或建制，反而我们要意识到，法律或建制已经*在解构当中*。正如我们前面所看到的，美国（以《独立宣言》通过法律）立国，其实是"述行性（performative）结构和表述性（constative）结构之间的不可决定（undecidablity）"（DI 9）所产生出来的一种后果。同样地，德里达对大学有如此见解："一所大学的设立，并不等于它一定就是一宗大学内部的事件"（Moc 30）。解构并非从外部引进的一股"特殊势力"：它是一开始就栖身于内部的外部势力，它是一种具有奠基作用的过剩之物（excess）、过分之物（exorbitance）、增补之物。

文学在解构的过程中有着奇特而决定性的作用。我们可要记得，德里达曾经简明扼要地主张："解构就是与文学和解"（Dec 9）。

他在 1989 年与德里克·阿德利治的访谈中指出,文学是“世上最
86 有趣的事情,比世界本身更为有趣”(TSICL 47)。你可能会问,这怎么可能?在世界以内的事情,又怎么可能在世界以外,甚至比世界本身更有趣?我们或许已经感觉到,在德里达的表述里,有种诡异而令人不安的内外颠倒,这种颠倒跟解构所带来的过分以及那奇怪的增补是大有关系的。

## 文学与历史

正如我们在第 4 章看到,现代文学这个概念跟民主有密切的关系。所谓文学其实是一种比较晚近兴起的现象:“文学生产的建制或社会政治空间,是最近才出现的事情”(TSICL 40)。德里达又这样说:

> 文学,是一种现代社会的创造,它离不开各种传统和建制,理论上文学甚至在后者身上获得畅所欲言的权力。因此,文学的命运关系到审查以及民主自由的空间(新闻自由、言论自由)。没有民主就没有文学,没有文学就没有民主。
>
> (POO 23)

他强调在英文里,“文学(literature)一词其实是拉丁文”:而文学这个概念跟“历史中的拉丁文化特质(Latinity)”(Dem 20-1)是不可分割的,因此他又把以英美文化为本、体现于政治和文化领域的全球化称之为一种“全球拉丁化”(globalatinization)(或法语 mondialatinization:参见 FK,尤其是 67,n.7)。

德里达非常在意历史和文化的特殊性,他对于欧洲(主要是法国)在 20 世纪从斯特凡·马拉美以降的文学写作特别感兴趣。先

不论他的作品是否在回应马拉美(DS,Mal)、安东尼·阿尔托(1896—1948)(TC,US)、弗朗茨·卡夫卡(BL)、詹姆斯·乔伊斯(TWJ,UG)、保罗·策兰(1920—1970)(Sh),甚至是当代作家如菲利普·索莱尔(Diss),莫里斯·布朗肖(LO,LG,Dem)或埃莱娜·西苏(SOO)等人的作品,德里达重视的,是这些作品自身如何执着和纠缠于写作、文学及文学性的问题。他认为文学趣味并不只限于美学或形式,重点是文学作品对我们思考方式的转化:不只是狭义上对写作的思维转化,也延伸到对历史、政治、民主和法律,以及世界自身的反思。德里达看得上眼的作品都是动摇西方思想的催化 87
剂;我们可以把这种添烦添乱的过程暂且称之为解构。

这种转变是历史性的,但同时也应当指出,这也是在改变历史。历史学总是建基于一种“在场”的假定,把过去的历史理解为曾经在场的历史;但德里达关注的文学作品都旨在展示,所谓的现在或在场,都是陌生而诡异的;它旨在让读者体验一下线性(linear)、日历上的时间和历史如何被扰乱或断裂。所以德里达指出,在过去的一个世纪,“文学体验”正造就着一场牵连甚广的思想和哲学上的地震,让“这是什么?”这一类问题再没有权威,也再没有重要性(TSICL 48)。对德里达来说,自 19 世纪末已经有人提出这两个缺一不可的问题:他们不仅问“什么是文学?”,他们同时也问“什么是现在? 什么是在场? ‘什么是’里的‘是’又是什么呢?”当然,对于这些问题,我们可以通过“日历时间的隧道”(calendrical tunnel)进一步在历史中追溯(虽然我们对这种形式的隧道的兴建本身应该经常心存警惕)。而在这一提问的历史中,浪漫主义起着决定性的作用。也因此,德里达认为,卢梭的重要性在于“他开创了一种在场的新模式:主体的自我在场乃处于*意识*(consciousness)和*感觉*(feeling)之中”(OG 98)。提到英国浪漫主义我们可能会想起塞缪尔·泰勒·柯勒律治(1772—1834):颇值一提的是,他其实更应该把自己在1797年写下的诗(《忽必烈汗》)形容为"心理学奇观",而不应该称之为"有诗意的作品"(参见 Wu 1998,522)。(我将会在第10章和第11章详细讨论《忽必烈汗》这首诗。)

德里达在《论文字学》中描绘的"在场的新模式",对文学及哲学上的思考都一样启发甚巨。特别是由诗人马拉美开始,标新立异的所谓"文学性"一直成为文学作品的侧重点,关于这一点德里达以不少文学作品的特色来阐述,例如,让-雅克·卢梭(1712—1778)、居斯塔夫·福楼拜(1821—1880)、斯特凡·马拉美(1842—1898)、乔治·巴塔耶(1897—1962)和莫里斯·布朗肖,以及一系列其他作家,包括S. T. 柯勒律治、埃德加·爱伦·坡(1809—1849)、查尔斯·狄更斯(1812—1870)、华莱士·史蒂文斯(1879—1955)和当代作家J. M. 库切与托尼·莫里森的作品。在德里达看来:

> 88 这些作品的共同点[是],它们无不是一种**批判性的**文学经验。他们在作品内部,或者我们应该说,他们启动的文学行动,都是一个问题;虽然是同样的问题,但每一次这个问题也会有所不同,例如:"什么是文学?",又或者"文学的源头在哪里?","我们应该用文学来做什么?"
>
> (TSICL 41)

会思考这些问题的并不限于上述的作家:德里达认为,俄国形式主义者在20世纪初已经在这一领域发挥了决定性的作用,他们"明确地对文学性这个问题加以理论化"(Pos 70)。当然有几位我提到的20世纪的作家,例如巴塔耶和布朗肖两位作家其实都身兼文学评论家和理论家等角色。

通常来说,德里达宁愿读文学作品,也不读文学批评(这也实在难以怪他)。布朗肖的杰作"故事"——《白昼的疯狂》(The Madness of the Day,1949)就似乎比他自己写的文学评论给了德里达更多可谈论的东西(参见 LO,LG 和 TTBS)。但这种将"批评与作品完全割裂"的论调在德里达的作品里一再受到质疑,所以我们可以理解为什么他"梦寐以求地是一种既非哲学亦非文学的写作"(TSICL 73)。布朗肖也许有着同样的梦。德里达认为最有趣和最有价值的批判文本"可归纳于文学领域的同时,也会使文学的限制扭曲变形"(TSICL 52)。他也不主张我们"混淆一切,也不是叫我们放弃'文学'和'评论'的分野"(52):相反,我们应该承认两者之间有着一种交叉污染的逻辑。"好"的文学,也就是唯一值得一读的文学,在他看来必然是带有"批判"的。反之,"好"的文学批评总是能够展现出一种文学性;E. M. 福斯特则令人难忘地把"好"的文学批评称为一种"心甘情愿的病毒感染"(参见 Forster 1979,26)。

## 反身性

从德里达强调的历史轨迹去看,文学性的问题从马拉美开始
就成为文学作品的重点。但这并非只是文学作品变得越来越有反
身性(reflexive)或自反性(self-reflexive)的问题,即文本转向自身、 89
反省自身。如果你认为这是重点,你真是"愚蠢又无知"(TSICL
41)。相反,我们有必要更仔细地、更冒险地反省一下反身性的本
质是什么。我们不妨先从看起来简单且简洁的概念——"嵌套结
构"(mise-en-abyme,字面意思:放置于深渊)开始讲起。嵌套结构
是来自纹章学的概念和术语,是指纹章(coat of arms)上的狮子拿
着盾牌,但这个盾牌上面同时也绘有另一只拿着盾牌的狮子。在
文学领域里,我们可能会想到一本关于一位小说家正在写小说的

小说,用术语来讲,我们通常会把这称为“元小说”(metafiction):元小说带有反身性,它意识到自己是虚构的事实,是关于小说本质的小说,它毫不含糊地叫读者注意“这本小说是虚构的”这个现实。另一例子,是以写诗或诗歌朗诵为题而写成的诗歌,我们可称之为反身性的、元话语的(metadiscursive)或元诗意(metapoetic)的诗歌。

德里达想带出的观点是,所谓的“元”,实质上比看起来简单且简洁的“嵌套结构”这个比喻更为矛盾和杂乱。我在前文已经讲过,当我们说解构是一种“激进的元语言学(metalinguistics)”的时候(SST 76),我们必须清楚知道所谓元语言(metalanguage)是必要且不可能的,并要了解到这个观念会带来什么后果和效应。我们必须用到元语言,但元语言从来都不是纯粹的:它总会有裂隙,内部分裂和受到污染。一个文本在某种意义上必须把自己标记或重新标记为“一本小说”或“一篇短篇”,其身份才会获得承认。在这方面,我们应该指出,在德里达的视野里,文学一直有着反身的能力,也就是说把自己标记(mark)或“重新标记”(re-mark)为“文学”的能力(参见 LG 229)。文本指涉着自己、反思着自身所使用的语言等,这些说法本来就是自相矛盾的。德里达在《类型的法则》(1979)——他其中一篇关于布朗肖的作品《白昼的疯狂》的文章——中详细阐述了“没有归属的参与”(LG 227)这个概念,这个概念很适合用来形容文本指涉它自身的时候所依靠的那种“异常省略”、“非总体性的逻辑”。最易理解的例子就是常见的“类型—短句”(genre-clause)(LG 231)。文本通过这些短句,作出“重新标记”或示意的姿态(在明在暗地)把自己归纳成不同文类,例如“小说”、“短篇故事”等。这些短句跟它们指涉着的文本之间,有着或有或无的归属感。它们是,也不是文本的一部分;在文本以外,也在其内,模棱两可。

## 引领，进入(ushering in) 90

我们先以埃德加·爱伦·坡的《厄舍府的崩塌》(1839)作进一步的讨论：

那年秋天的一个沉闷、幽晦、静寂的日子，暝云低低地垂压着大地。我单身驰马穿越一片无比荒凉萧索的原野；黄昏的阴影渐渐来临，终于发觉愁云惨淡的厄舍府就在眼前。不知为何——看到这幢府邸，一种难以忍受的阴郁就涌上心头。我说难以忍受，是因为往常即使最为孤绝险恶的自然环境，也常令人感到诗意盎然、心潮澎湃，就此滋生出几分喜悦，可如今却丝毫遣不走这份愁绪。我注视着眼前的景致，惘然若失——兀立的府宅，院落里的天然山水，光秃秃的墙垣，空洞眼眸似的窗户，繁密的菖蒲，凋萎的树丛中的白色枝干——除了瘾君子午夜梦回后的空虚，沉沦寻常生活的辛酸，陡然间面纱飘落的恐惧，我无法以尘世的情感来比拟心中的这份惆怅。我心中一片冰凉，又往下沉，又直翻腾，一种难以解脱的悲戚盘踞在心头，任何想象的刺激力都无法将其引导成崇高一类的感情。是什么缘故——我驻足沉思——什么缘故使我在注视厄舍府时如此黯然神伤？这个谜根本解不开；沉思时心头涌起的朦胧幻影也无从捉摸。我只得找了个不怎么令人满意的结论，那就是，毫无疑问，自然界非常简单的事物组合起来就会有感染我们的巨大力量，可要探究这份力量，却依然超出我们的能力。很有可能，我想到，只要这景致中的特征，画面中的细节重新组合一下，就会很有成效地改变，甚至取消这种凄清的印象；按着这个想法，我纵辔驰到险峻的山池沿边。那山池就在宅旁,死辉满地,黑惨惨,阴森森,倒映着灰色的菖蒲,死白的树干,茫然眼睛似的窗户,俯视着面目全非的倒影,我不禁毛骨悚然,竟比先前还要惶恐。[1]

(Poe 1978b,397-8)

严格来讲,这不是故事的开场白。故事开始之前当然会有标题:
91 "厄舍府的崩塌",而原文里更附有法国诗人皮埃尔·让·德·贝朗杰(1780—1857)的一首短诗:"他的心是只悬挂的琴;轻轻一拨就琤琤琮琮。"[2]("*Son cœur est un luth suspendu;/Sitôt qu'on le touche il résonne.*")。从某种意义上看,故事将会发生的一切都已经铺垫好了,例如崩塌(fall,厄舍府的崩塌[fall])和悬挂(悬挂的琴)的意象,都在文本正式开始"之前"预先开展了。

相应地,"厄舍"(Usher)这个词无疑应解作一个专有名词,但轻轻一碰,我们就可以把它解读成一种引领——它引领我们进入(ushering in)一种有关"门槛"的思考和体验:"usher"一词可解作看门人(来自拉丁文 *ostiārius*,看门人)。几个段落之后,叙事者会提到"建筑物的门牌(title)"上面写着"古朴而模糊的名字'厄舍府(House of the Usher)'"。德里达曾说过:"标题(title)永远是一个承诺"(M 115)。那么我们要问,厄舍府是在哪个时候崩塌的呢?而什么时候这个"门牌"已经倒下了呢?是不是在故事的标题里已经倒下了?是不是还在往下倒?德里达说"文学里,意义(meaning)和指涉(reference)之间必定存在着一种悬搁的关系"(TSICL 48);如果真的如此,那么爱伦·坡这个文本从标题、短诗以及故事的第

---

1 中译取自:《厄舍府的崩塌》,爱伦·坡著,刘象愚等译,北京:解放军文艺出版社,2005,41-2。——译者注

2 这句短诗的翻译引自《爱伦·坡短篇小说集》,爱伦·坡著,陈良廷,徐汝椿译,北京:外国文学出版社,1982,223页。——译者注

一段开始似乎已经在双重意义上肯定着德里达的判断。这个文本不单是这种“悬搁的关系”的实例，也是关于这一实例的体验。“意义和指涉之间的悬搁的关系”俨然就是小说的主题，它令人不安地思考着、分析着、反省着这种悬搁的关系。

借用小说第一段里的话来说，这确实“难以忍受”。叙事者的原话是：“我说难以忍受”：在这句话中叙事重新标记自身。同理，文本首段引领我们进入新的状态和内容，令小说标题中“崩塌”(fall)[1]一词倍添意涵：首先这一段提到了“沉沦(lapse into)寻常生活的辛酸”，以及跌入一种修辞上的自我否定：“我只得找了(fall back upon)个不怎么令人满意的结论……”，后来叙事者又提到险峻(precipitous)而“依然超出我们的能力(depth[2])”所能处理的“景致中的特征”以及“画面中的细节”：

> 我纵辔驰到险峻(precipitous)的山池沿边。那山池就在宅旁，死辉满地，黑惨惨，阴森森，倒映着灰色的菖蒲，死白的树干，茫然眼睛似的窗户，俯视着面目全非的倒影，我不禁毛骨悚然，竟比先前还要惶恐。

以上引文作为小说第一段的结尾，一反“文学反映社会现实”这类 92
陈词滥调(conventional-topos)，突出了一种德里达称之为“表里不一，没有本真”以及作为“所谓奇幻文学源泉”的一种诡异(uncanny)(SF 270)。

---

1 英文“fall”也可译作“堕落”、“跌进”。——译者注

2 “depth”也可译作“深渊”。——译者注

## 困局

在坡的文本多重、分歧、有失简洁的开头,叙述就此发生,借用德里达的说法,这“不是一种自我繁衍,也不仅仅是一种嵌套结构(*mise en abyme*)”:“在自身的范围以内,是不可能发生完美对应的自我折叠(folding back upon itself)或自我复制”(BL 105)。德里达希望我们对“深渊”(abyss)这个问题加倍留神,他在某场合曾经这样说,“我不太相信所谓的深渊”,他建议“我们要警惕‘深渊’这个概念从根本上带给我们的一切自信”(SF 304)。在爱伦·坡的笔下那“面目全非的倒影”所制造的效果“竟比先前还要(令人)惶恐”。摆在我们面前的并不是一种文本上的自恋,也不是玛丽安·霍布森所说的“整齐嵌入(tidy embedding)”(Hobson 1998,75)。引发我们思考的反而是没有深度,也没有底线的反身性的“悬搁的关系”。(“深渊”的英文“abyss”一词源自希腊文 *abyssos*,“a”解作“不”,“byssos”解作“深度”或“底部”)。在这个语境下,深渊大概与困局(aporia)相反的意思相一致。粗略来说,困局是“怀疑”或“难以抉择”的一种修辞性说法;精准一点说,它是一种“绝对的堵塞”,是“不行”(No Way)的意思(“aporia”也是源自古希腊语,“a”解作“没有”,“poros”解作“方法”、“通道”)。按德里达的描述,困局是一条“非路(non-road)”(FL 947),它意味着一种“永无尽头的遭遇”(A 16)。就好像面对着一次不可决定的状况:“*困局本身不可忍受*”(A 78)。

德里达对困局和深渊,以及困局作为深渊的讨论不只局限于文学的问题,更关乎生死、法律、道德、政治和正义等,旨在“启动新的可能性”(AIWP 361)。他极力认为“困局是一种非被动的忍受,它是各种责任和决定的必要条件”(A 16)。“如果必须忍受困局

(或者是深渊);如果它们是所有责任、决定……以及总是出现的边界问题背后的一种规律”(A 78),那是因为困局(或“扩散式的深渊”(disseminal abyss,LG 250)不可忍受。就这样我们越来越接近德里达那非同凡响、相互关联的两项主张:“最为根本的困局,其实 93
正是困局本身的不可能。这句话好比一座水库,潜能无法估量”(A 78)。显而易见,这些有关困局或深渊的所有讨论,以及有关决定和责任的讨论,都是关于框架、边界或边缘等议题的。德里达的水库——也许类似爱伦·坡(叙事者)口中那“黑惨惨,阴森森”的山池——是无法估量、无底、无深的。就好像他在其他场合提到过的一个“无法隐藏自身”的“秘密”(POO 21)。(在第 10 章我会再谈到秘密和保密等问题。)

## 法律门前

我们不要操之过急,先看看其他例子,例如卡夫卡的短篇小说《法律门前》(写于 1914 年冬):

> 在法律门前,站着一个门卫。一个农村来的男人走上去请求进入法律之门。但是门卫说,现在还不能允许他进去。那男人想了想,问是否以后可以进去。门卫说:“那倒有可能,但现在不行。”看到法律之门像往常一样敞开着,而且门卫也走到一边去了,于是那男人弯下腰,想看看门内的世界。这一切被门卫看见了,就笑着说:“如果它那么吸引你,那你倒是试试冲破我的禁锢进去呀,但是请记住,我很强大,而且我只是最小的一个门卫。每道门都有门卫,而且一个比一个强大,那第三个门卫就连我也不敢看他一眼。”困难如此之大是那农村男人始料未及的,他以为法律之门对任何人在任何时候都是

敞开的，但是现在当他仔细观察了那穿着皮大衣的门卫，看见他那尖尖的鼻子、黑而稀疏的鞑靼式的长胡子，就决定还是等下去为好，直到获准进去为止。那门卫递给他一只小板凳，让他在门旁边坐下。他坐在那里日复一日，年复一年，做了很多尝试想进去，并不厌其烦地请求门卫放行。门卫只是漫不经心地听着，又问他家乡的情况以及许多事情。他这样不痛不痒地提问着，俨然一个大人物似的，而最后却总是说还不能允许他进去。那男人为这次旅行做了充分的准备，现在他用一
94 切值钱的东西来贿赂门卫。门卫虽然接受了所有贿赂，但却说："我接受礼物只是为了使你不致产生失去了什么的错觉。"多年过去了，这期间，那男人几乎是目不转睛地观察着门卫，他忘记了其他门卫的存在，似乎这第一个门卫是他进入法律之门的唯一障碍。他咒骂这倒霉的遭遇。开始几年，他的举止还无所顾忌，说话嗓门高大，后来日渐衰老，就只有咕咕哝哝、自言自语了。他变得很幼稚，由于长年观察门卫，所以连他皮衣领子上的跳蚤也熟识了，于是他也请求它们帮忙，以改变门卫的态度。最后他目光黯淡，搞不清楚是四周真的一片黑暗呢，还是他的眼睛出了毛病。不过他现在在黑暗中发现了一丝亮光，它顽强地透过法律之门照射出来。现在他命在旦夕，临死之前，过去的所有经历在他的脑海里聚成了一个问题，这个问题他至今还没有向门卫提出。他示意门卫过来，因为他身体僵硬，已经不能站起来。两个人身高的变化使那男人相形见绌，矮了一截，所以门卫必须深深地弯下腰，然后问道："现在你究竟还想知道什么？"又说："你太贪得无厌。"那男人说："大家不是都想了解法律是什么吗？为什么多年以来除了我再无别人要求进入法律之门？"门卫发现那男人已行将就

> 木,为了能触动他失灵的听觉器官,就吼叫着对他说:“其实其他任何人都不允许从这里进去,因为此门只为你一人所开。现在我要把门关上。”[1]
>
> (Kafka 1992,3-4)

在谈到《法律门前》(B)的一篇文章里(文章在1982年伦敦的演讲中首次发表),德里达认为大部分人解读这个故事的时候都有着一种共识,这个共识背后有四个“不言自明的信念”(axiomatic beliefs):第一,“我们认为这个文本……有自己的身份、独异性和统一性”(B 184);第二,我们相信“这个文本是有作者的”,即是说“相对于故事的角色而言,作者的亲笔签署(signatory)并非虚构”(185);第三,我们相信或预设,“多种事件相互关涉”,存在着某种叙述、讲说或故事(法语为 *récit*),而这便是我们视为应归属于“我们称为文学”(186)的东西;第四,“我们以为我们知道什么叫做标题,尤其是作品的标题”(188)。德里达耐心而有系统地打乱这些信条和前提,更多番质疑:“谁去决定或判定,这(个故事或这段文 95
字)是一种文学呢?当中的标准又是什么?”(187)

德里达对《法律门前》这个故事的解读背后有好些前设:

> 没有所谓文学本质这回事,也没有严格鉴定下的所谓文学领域……文学这个称谓或许注定有种不正当的意味,它没有明确的标准、确切的界定或参照。因此“文学”是一出命名的戏剧,牵涉命名的法则(the law of the name)和法则的命名(the name of the law)。
>
> (187)

---

1 译文转自:http://www.nem.tku.edu.tw/courses/modernity/lecture-text/before-the-law.htm。——译者注

卡夫卡起的标题“法律门前”(Vor dem Gesetz)似乎正是一出德里达所讲的命名的戏剧。跟所有文学作品的标题一样,“法律门前”出现于文本*之前*;一般人都会认为,作品*本身*理应放在标题的下方或是标题之后。和其他文学作品的标题一样,《法律门前》(Before the Law)这篇小说也同样*面对着某种法律*(before the law);这种“重复”怪异而陌生,是一种文本标题的自我指涉,或许它会让我们反思或佩服,但如果只留意到反身性(“你看,这是一句带有自反性和自我指涉的句子,多聪明!”)你就找错重点了。

跟所有文学作品的标题一样,“法律门前”的确处身某种法律的面前,例如著作权法(laws of copyright)。德里达指出:“一本书的标题使我们可以在图书馆替它进行分类,也方便找出并记录著作权的归属,令后来的审判或和判决得以进行”(189)。(德里达在这里隐约提到卡夫卡的长篇小说《审判》[*The Trial*];《法律门前》这篇小说后来变成了《审判》的一部分:参见 B 217-20)跟所有文学作品的标题一样,《法律门前》是文学作品的一部分,同时也不是其中的一部分;它为作品命名,好像置身文本之外,好似后来添加上去的,又或者*之前*添加的东西(你可能已经感觉到这仿佛是“在源头已经存在的[怪异]增补”,或者是一种“增补[怪异]的归来”)。但同时“法律门前”是文本的*一部分*,却明显也是文本的外部。那么,标题是文本的一部分,或不是？这涉及框架、边界和边缘等问题。标题的正确位置在哪？德里达补充道:“标题的确属于文学的一部分,但它在这种归属关系里面,并不享有甚至大异于它理应享有的
96 架构和地位。即使标题从属于文学,这不妨碍它自身享有的合法地位”(189)。作为奇怪的同谋,文学和法律相互牵连:法律在本质上牵涉一定的虚构性或虚构过程。这些正是德里达在《法律门前》中提出的论点。

## 弗洛伊德式的离题

他在一篇看似离题(digression)的文章的一个段落里深刻地表达了这一观点(德里达所有作品都关注离题的鬼异[apparitional]影响,继而重新思考离题的性质和归属;他又认为"播撒"[dissemination]必然意味着一套颇为"古老的""离题理论"[theory of digression]:参见 O 27)。他离题,显然是为了引出弗洛伊德对道德起源的讨论;这明显是"增补的逻辑"(离题的增补性、虚构性增补,以及法律本质上的增补性虚构)的又一范例。弗洛伊德被迫用故事去解释道德的起源,但与此同时却暴露出这个故事的无效或事实上的不可能。德里达引用弗洛伊德在《图腾与禁忌》(1913)里提到的儿子谋杀原初父亲(primeval father)的话题:

> 在原始社会里我们最先学到的道德戒律和道德限制,都被解释为一种对策,而这些对策针对的行为本身,让该行为的行动者心里产生、"罪行"(crime)这个概念。按这种解释,行动者会为自己的所作所为感到懊悔[但如果懊悔是先于道德和法律产生,他们又为什么会懊悔呢?——德里达说],于是它们决定永不再犯,认为这样没有好处。这种创造性的罪疚感(creative sense of guilt)一直存续在我们心里。我们在神经官能症病患(neorotics)的反社会(asocial)行为里可以侦测到这种罪疚如常发挥作用,它继续制造新的道德戒律和道德限制,旨在为已经犯下的罪行赎罪,同时预防一犯再犯……神经官能症病患的罪疚感依赖的从来都不是**事实**(factual),而是**心理**现实(psychical realities);他们宁愿相信心理现实,就好像正常人应付现实一样认真。
>
> (Freud 1985,222;部分引自 B 197-8)

以上是弗洛伊德对道德起源所作的解释。德里达则对其思路中所隐含的双重束缚——“让[父亲]继续活着的最好方式,就是杀死
97 他”——加以探究。他认为,对弗洛伊德而言,“失败会令人对道德更为敏感”(参见 Freud 1985,204,n.1)。

德里达接着描述并巧妙地转化弗洛伊德的故事,他说:

> 因此,道德起源于一宗无效的罪行,当中根本没有任何人被杀;它来得太早或太迟,且无法终止权力的行使;事实上,这宗罪行没有开启任何东西,因为在弗洛伊德看来,在犯罪之**前**,忏悔和道德已经成为可能。弗洛伊德似乎抓住了一起事件的现实状况,但那根本称不上事件,它是“非事件”(non-event),是“什么都没有发生”的事件,或者可以说是“准事件”(quasi-event):该“事件”既需要,又废止叙事性的记述。
>
> (B 198)

德里达的重点并不是指出弗洛伊德太幼稚或太怀旧:他关注回到起源,以此为道德的起源编故事。德里达之所以在其他作品中记述弗洛伊德(例如《弗洛伊德和写作场景》[FSW]、《推测——有关“弗洛伊德”》[SF]和《档案热》[AF]),其动力来自于他对弗洛伊德作品的欣赏,而且他十分重视弗氏精神分析的价值和重要性,其中最为干脆的表态莫过于《千万不要忘记——精神分析》(LUNFP)这篇文章了。

一如往常,他非常关注一种解构性的心甘情愿(labour of love)。他说:“我非常喜爱我解构的一切……我想解构的文本都是我所喜爱的”(EO 87)。他在《法律门前》里对弗洛伊德的解读背叛了后者,但其实也更忠于后者。他的解读透视出一个“不能自已

的弗洛伊德",证明了弗洛伊德的文字"所表达的意思,比[弗洛伊德]意图表达的,可能还要多、还要少,也许完全不同"(OG 158)。总之,它证明了德里达的说法(如我们在本书其他部分指出):"对增补的忽视便是法律"(OG 149)。

《图腾与禁忌》的那段引文是弗洛伊德作品中带给我们稍纵即逝、令人好奇、却又阴森恐怖之感的那些瞬间之一:它是"为"德里达而写的,它一直等待后者的到来和发现。弗洛伊德显然忽视了增补的存在,虽然他正有效地把增补理论化:他在故事里写道,儿子杀了父亲后感到"懊悔",但德里达提出了增补式的询问:"如果
懊悔是先于道德和法律产生,他们又为什么会懊悔呢?"弗洛伊德 98
的说法正是一种增补的逻辑,他其实在暗地里指出:"在犯罪之前忏悔和道德已经成为可能",所以他的文本也不完全是荒谬的。更确切地说,弗洛伊德的文本需要根据德里达所谓的事件(event)的概念去理解,它是一宗"不能尽信,也不能不相信"的事件,它必定是"虚构"出来的一次"诡异"行径(B 198-9)。

德里达的论述旨在忠于弗洛伊德早期的观察(这一看法在他1897年写给威廉·弗里斯的信中已有所论及):"在无意识中没有丝毫现实的迹象,所以真实(truth)与注满情感(cathected with affect)的虚构(fiction)之间其实难以区分"(引自 B 192)。在弗洛伊德关于道德的起源的故事中,我们不必深究作者的"意图",也不必深究"他本人是否相信弑父是一种现实和史实"(199)。相反,他的解说揭示了(不管他自己如何思考他所说的)一起"并非事件的事件",也是一件"什么都没有发生的纯粹事件"、一宗"没有人会在事发地点遇上的事件";这起奇怪的非事件"建立了法律,图腾崇拜的两项基本禁忌——谋杀和乱伦";它"仿如虚构"(199),这个叙事需要发生,也需要废除。正如理查德·比尔兹沃思指出,"与其

说它是一种想象的叙事，不如说它是**虚拟的叙事**（simulacrum of narration）”（Beardsworth 1996，37）。德里达认为这起“准事件”带有虚构的叙事性，因此他认为“这是文学的起源，也是法律的起源”（B 199）。

## 阅读的纪律

德里达认为“法律是一种幻想（fantastic）”，它“本质上难以接近”（199）。如果对增补的忽视便是法律，那么，在**人尚未存在**以前，法律就已经“存在”了。德里达有关弗洛伊德和精神分析的显而易见的离题，其实把我们带到文学和卡夫卡的奇幻文本的核心。卡夫卡的《法律门前》所关注的是一种双重逻辑，在这一点上，它与弗洛伊德的记述和康德的道德律令（moral law）并无二致（弗洛伊德明显受康德影响）。一方面，“法律本身不应成为故事的材料。
99 要赋予法律绝对（categorical）的权威，法律本身必须没有历史、没有起源、没有任何可能的衍生物。”另一方面，“我们思考法律或者法中之法（the law of laws）的时候，总要问它们于何处确立、从何处而来”（B 191）。

康德、弗洛伊德、卡夫卡：德里达之所以重视这些思想家，是因为他们各自以不同的方式指出，在“法律思维的核心”中，存在着或诡异、或虚拟的“叙事性和虚构性”（190）。要注意，他们是以“不同的方式”带出相同的观点。德里达说：“法律是约定俗成的，这正是康德思想的精密之处；法律之门只关系到你”（B 210）。换句话说，法律门前的带路人也是因人而异的。卡夫卡的故事出色地，甚至有点吓人地强调了每个人与法律之间的关系是独一无二的：“门卫发现那男人已行将就木，为了能触动他失灵的听觉器官，就吼叫着对他说，‘其实其他任何人都不允许从这里进去，因为此门只为你一人所开。现在我要把门关上。'”那道法律之门只为这个农村来的男人而开。当代批判思想家鲁道夫·加谢在一篇论及卡夫卡和德里达的精彩论文中指出:“独异性(singularity)是建立法律的必要条件:纯粹而不能再现(nonrepresentable)的法律,也就是纯正而不可触碰的法律”(Gasché 1999,297)。法律之门是独一无二的,它只为你而开,但你永远不能亲历法律的在场。这是法中之法。

容许我强调一点,德里达并非鼓吹无政府主义,也不是鼓吹藐视法律。反之,要理解他的作品,我们必须尊重“阅读纪律的规范”(TS 42),他说:

> 我给人越轨、多疑、挪位的印象,但我一直依从于[这些规范]的权威;面对着某种文字学道德(philological morality),在某种读写伦理面前,我是有责任感的;总之我一直面对着法律(before the law)。
>
> (TS 43)

德里达对《法律门前》的解读所表现出来的纪律,使他可以特别清楚地阐释何谓“延异”。故事里那位来自农村的男人必须等待:法律对他而言不可触碰、并且一再延后。德里达把这种延后称为“无尽的延异……一种至死的延异”(B 204)。他写道:

> 被延迟的并不是如此这般的各种经验,不是获得快感或 100
> 者至善(supreme good)的途径,也不是对事物的拥有,亦不是对人的参透(penetration)。被永远延迟直到死亡来临的,正是法律本身,而法律本身亦支配了延迟……那**不可**接近不能接近的东西,就是延异的起源:它不可展示,不可再现(represented),

> 最重要的是它不可参透,这正是法中之法……它既非天然,也非建制的产物;它不可接触,它永远无法触及自身那原初而适切、宛如深渊的一种发生。
>
> (205)

以上就是延异的深渊——那"诡秘"(205)的深渊。

## 文学与法律

不管你是修文学的学生,还是警察、法官、首相,或者是国王或王后:所有人都需要面对法律,但没有人曾经见证过法律的在场。"法律是疯狂的",德里达在不同场合多次如此重申(参见,例如,LG 251,MO 10):卡夫卡的故事,或许可以让我们感受到这种疯狂是怎么回事。在《法律之力:权力建立的神秘依据》(1990)这篇重要的文章里,德里达认为有必要用解构去思考"法律的力量",并承认任何法律的建构都涉及"述行性,因此也是诠释性(interpretative)的暴力"(FL 941),也承认法律建立的背后"不可能存在着原则上的合法性"(PR 9)。德里达指出,语言是"法律组成的基本元素"(B 206),并强调"法律是可以解构的"(FL 943)(不像正义,我会在后面的章节详细解释)。在"全球拉丁化"的所谓"西方世界"里,基督教的"上帝"在许多世纪以来一直为法律的制定和存续提供了终极的权力和最后的归宿。

从思考法律的角度而言,文学有着奇怪而关键的作用。我一直强调,文学没有本质:在德里达看来,我们所谓的"文学"牵涉"命名的戏剧、命名的法则和法则的命名"(B 187)。他在近期的作品,如《居所:虚构与证词》(1998)里更把讨论延伸到文学和法律领域,
101 尤其是证词(testimony)和作证等问题。他试图解构、扰乱和改变以

下共识:“在我们欧洲的司法传统里,证词应该和文学保持距离,特别是文学中的虚构、虚拟(simulation)和虚拟物(simulacra)”(Dem 29)。德里达认为,“法律即使不允许证词化约为虚构,证词在结构上其实必然暗示着虚构、虚拟、作假、欺诈和伪证的可能性,也就是文学的可能性,是无罪(innocent)却歪邪(perverse)的文学的可能性,它无邪地(innocently)使上述的种种可能性无可区分”(Dem 29)。这不仅是要指出文学是一种恶作剧的或颠覆性的话语,它玩弄法律或真理——以及,比如说,讲说真理、全然的真理、唯有的真理的意图。总之,文学其实更难以定位了(less placeable)。在德里达“改词换义”(neologistic)的表述下,“文学”变得更为重要也更为诡异了:所谓“真实证词”必定有着“虚构”的可能性,如他写道:“文学虚构作为一种正当的可能性(proper、possiblity),像鬼魂般缠绕着所谓真确、负责、认真和真实的证词,这鬼魅(haunting)也许就是激情本身,也许就是作为自由言说项目的文学写作的激情所在”(DEM 72)。

# 9



# 怪　物

## 计划书

保罗·德曼在一篇1966年发表的文章里谈到约翰·济慈(1795—1821),他认为济慈这位英国诗人应该被视为一位“前瞻型”(prospective)作家,与“回溯型”作家,如威廉·华兹华斯(1770—1850)形成对比。他又认为济慈的作品“充满着盼望的准备,对未来的力量充满期待,而非沉湎于已然过去的洞见(insight)及谐和”(de Man 1989,181)。他认为济慈的作品“完全朝向未来”(183)。最常与德曼的文学批评联系在一起的名句是“盲目与洞见”,一般人认为它必然牵涉一种解构的逻辑:每篇文学性、批判性或哲学性文本都有其“盲目与洞见”,在其中作者最出色的洞见也必然是其盲目之处,反之亦然(参见de Man 1983)。在这个层面来看,他对济慈的刻画的确是发人深省的;而所谓“前瞻型”作家这个概念并不能尽信,毕竟任何作品都有其前瞻的面向。不过如此观点在德曼笔下被放诸济慈的作品,确实有其见地。

虽然德曼在书中并没有一概而论，我们可以停下来考虑一下，
104 是否没有其他作家的作品具有“前瞻性的特征”（192）。德曼自己就是前瞻型作家的一个突出的例子：他早期的思想和文风在后期有明显的变化。弗洛伊德是另一个例子：他的作品非常具有连贯性，但从中能够看出他有不断修改自己的观点，追求新的发现。（例如他后来不再推崇催眠；详细阐述了“第二拓扑学理论”［second topography］，即本我、自我和超我等新概念；他在发表《超越快乐原则》［1920］后又提出死亡驱力［death drive］理论；在1920年代“转而”信奉心灵感应［telepathy］，等等）相对而言，雅克·德里达是迷人的，因为他一点也不具有前瞻性。他总是展现出一种一切早已就绪的相当令人敬畏的状态。他的作品看似从一开始便是全然碎片化的，即使这不是一种我们可以赋予它统一的、完成的或可完成的特征的碎片。这些作品几乎具有令人难以置信的一致性，且总已**稳妥到位**。

我的意思并不是说，他的作品能超越时间，“外在于历史”。相反，我一直想指出德里达所做的一切（你大可称之为“解构”）都渗透着“深刻的历史感”（SST 77）。他的文字几乎都在应对各种“处境”，都是对不同特定时空和场合下的特定的书写或说话的邀请的回应（参见 TS 65）。所以他的作品的时间性是明显的，总是印上鲜明的日期，一直不懈地承认及阐明其自身与历史之间的关系，这不止关乎一般的西方哲学史，更深深地嵌入及受惠于近代的历史“事件”，譬如马克思主义、精神分析和现象学。的确，德里达作品中的焦点和关注存在着转向、新的发展、改变。例如上文提过有关“言语行为理论”对德里达的影响，鲁道夫·加谢暂且将之称为“述行性转向”（performative turn）（Gasché 1999，288；参见 Weber 1987）。

另一转向他自己也亲口承认:他后期作品越趋“政治化”,“在理论
和实践上对建制有更多的质疑”(TS 49)。他在 1990 年代发表的
作品,如《马克思的幽灵》(1993)和《友谊的政治》(1994),以及他
较近的以好客(hospitality)、宽恕、说谎和伪证、死刑及将临的民主 105
(the democracy to come)等为题的演讲都似乎证实了这一点。(有
关德里达近期的思想转变,可参见 Hos,OCF,N 和 WA)但他也指
出,“《论文字学》早就讨论过解构与建制机器之间的联系”(TS
49)。解构从头到尾都是政治的,这必然牵涉本宁顿所谓的“基础
性(irreducible)概念政治”:本宁顿认为解构“把政治这个概念无限
扩大,以至所有概念上的探讨都成为政治的一部分”(Bennington
2001,206-7)。

解构那地震般的影响从一开始就带有政治意味,除了其中那明确的政治目标和诉求(一切都由教学开始:一种思考和改变建制、改变思考和行动模式的教学),解构更改变了政治这个概念本身。譬如德里达在早期著作中虽然未使用言语行为理论的术语,但他的所有作品都可被视作“述行性操演”(TS 65)。自《论文字学》在 1967 年出版以来,他一直致力于推动各种转化和改造,特别是我们对书写(écriture)的理解。理查德·比尔兹沃思在其著作《德里达与政治》(*Derrida and the Political*)中表示:“德里达对‘书写’的重视彻底改造了哲学与文学之间的空间关系,开辟了研究文本运作的新领域,而文本运作的过程也超出了传统定义下的真实与虚构、历史与想象之间的分别”(Beardsworth 1996,2)。

有些思想家会改变主意,否定或明显修改自己早期提出的观点和论据。有些则以独特的风格发展观点,但我们很难将德里达如此分类。更令人不安的是,他的作品一直在质疑我们对“思考”、“改变主意”、“否定和修改”、“早期和后期”、“观点和论据”、“发展

和风格”的定义。德里达以缓和及独特的方式同时给人一种似乎早已洞悉一切的感觉，就好像他的观点从来都没有改变过一样，正如他在《他者之耳》(1979)一书中指出：“我从来没有用一己的优势或弱势去否定任何事情，但不论我运气好还是我太天真，我也不
106 认为我否定过任何事情”(EO 141-2)。在1994年的一次采访里，他提醒我们：“我在1954年写的学位论文里已经公开讨论了写作的问题”。他更指出“我发表过的一切文字和文章，都为我之后想写的东西，甚至十年、二十年以后的观点提供了不少参照”(TS 46)。虽然你可能认为它们都有其独特的内容和观点，但几乎所有德里达的著作或文章都可视为更早期或其他作品的移植、扩展、增补、甚至是假肢般的存在，它们都是衍生物。

“衍生物”这个词听起来有点畸怪(monstrous)。弗洛伊德在1909年首次到美国的时候，据称就曾经打趣说自己和同事们正在传播“瘟疫”(又名“精神分析”的瘟疫)。同样地，德里达作品引起的解构也给人一种无休止地伸延的感觉，不断地自我添加、感染和污染所有能够识别的论述、心灵和思想、建制和实践。解构本质上是寄生的，正如德里达评论道：“解构一直是有关寄生物的论述”(RD 234)。似乎德里达的文本真的无所不包，它触及过，也插手干涉所有文本、所有主体和客体、所有思考。(在《活下去/边界线》这“两”篇文章里，他提到马拉美所发表的有关诗歌的宣言：诗歌必然有被触碰或被干涉过的痕迹：[*On a touché au vers*, LO 83]。德里达又把这种对语言的干预与他所谓的“针对教学建制(及其后果)的解构”联系起来[BL 94]。)即使他谈到相对于“法律”而言(正如在《法律门前》或那篇可作为译者的任务的“原文”[参见‘DTB’])的所谓“禁忌议题”(the untouchable)，德里达依然旨在改变我们对禁忌议题的看法。一般人认为“正义”不可解构(FL 945, TS 56)，但

正义却是德里达持续且明确关注的重点，特别是在他的晚近作品里。不过他又认为，“解构”一直牵涉“正义的问题”：从一开始它就“已经在处理[这个问题]”（FL 935）。在本章的结尾我会再回到这个话题。

德里达的作品旨在让我们看清楚政治、哲学、文学等领域的畸怪性（monstrosities）。所谓畸怪，不仅或不单只意味着丑陋和可怖，这一点只要跟莎士比亚比较一下就能看清楚。和莎翁一样，德里达的成就似乎是反常、惊人、巨大、非凡、异常的。他们的书写至少有另外两个畸怪的面向：他俩都对畸怪这个概念有着述行性的探 107
索，而这探索本身也是畸怪无比的；对他们两位来说，畸怪首先关乎未来。

德里达的作品似乎总是无休止地伸展，以一种异常精确和“心照不宣”、自我响应或自我预告、跨文本的方式彼此沟通（就好像莎士比亚的作品一样），如果你有这样的印象，你也应该留意，其实他的每一个文本都是与众不同的，都是独异的，明显有别于所有其他文本。其中一个原因是他每次的写作也是在回应，或重新确认其他作品、其他作家的文本或者其他语境下的解读。但更重要的原因是，他每次的写作也是一种“重新开始”。换句话讲，他的文字里有种非常谦卑、几乎畸怪得不畸怪的特质。在这一点上，德里达比我先前所说的“前瞻型”作家更像济慈，借用德曼的话来讲，“他魂牵梦系于未来”（de Man 1989，181）。

## 如何书写

德里达说，他每次写文章的时候：

> 都仿佛从未写过一字一句，仿佛从来不懂写作。……当我开始写新的文本，我多少会对面前的未知或不可接近感到

> 沮丧，强烈地感受到自己的笨拙、缺乏经验、无力。
>
> （MMW 352）

如何写作，说易行难，但德里达在上文提供了一些心得：你必须感到恐慌，感到害怕，但也要无拘无束，因为你准备写作这一刻——这断裂、独异的一刻正给你带来前所未有的自由。一切都是至关重要的：你会用什么语气（tone）去落笔呢，特别是当你确切知道，是语气选择了你。德里达认为，一切都从语气谈起（参见 MO 48）。他的沮丧和经验上的自感不足对我们或有启发，它证实了一种贯穿于他所有作品的逻辑，那就是独异性（singular）和普遍性（general）的逻辑。

108 一方面，人们普遍觉得德里达“无时无刻都在重复相同的观点”（TS 47），一切都在从头思考。另一方面，看着眼前独异而空白的书页或者电脑屏幕，我们会感到每个文本“完全是新的”，无论你何时写，你都得“从头再来”（TS 47）。我们不能指望自己写过的一切。对德里达来说，每次执笔写作都有种“绝对新鲜的感觉”，好像自己是个“绝对的初学者”（TS 70）。写作与教学相同，德里达说过，在课堂上他总是觉得自己“确实是……在人生中第一次”（TS 47）阅读他正在谈及的文本。这种对我们有所要求的“新鲜感”，跟德里达的主张有关，他认为大学这个概念取决于每一次课、每一次研讨会和讲座（参见，例如 Moc 22），大学的价值和目的每天都在被创造。德里达强调，同样的情况也适用于所谓的“新闻自由”、“言论自由”、“思想自由”，甚至是民主本身（参见 OH 98）。

在前面的讨论（第 4 章）中，我们谈过民主和文学的关系，两者都关乎“畅所欲言的权利”；在这里我可以进一步指出，民主和“大学”这个概念有着切身的关系。德里达认为：“畅所欲言的权利（或保持缄默的权利)创立了民主,也创立了大学所享有的一种无上的治权"(UWC 232)。(德里达一直重视大学、教学和教育等问题,详情参见 Moc,PR,UWC 和 WAP。)

不论写作、演讲还是教学,都会遭遇述行(the performative)所带来的难以估算的可能性。在早期的文章《力与义》(1963)里,德里达引述了现象学家莫里斯·梅洛-庞蒂(1908—1961)的观点:"我被自己的话震惊了,它们教导我如何思考"(引自 FS 11)。然后德里达另起一段说:"因为就言词的新鲜感而言,写作就是*就职典礼*(inaugural):危险,令人痛苦,它对未来的走向一无所知"(FS 11)。在德里达看来,每次写作都是独异的境况,即使句子准时到来,你永远不知道下一步是什么。他又说:"从句子的开头至结尾,句子已面目全非"(EO 158)。因此,每次述行都是一种畸形(deformed)的述行,因为它必须接受,或遭受那无法估量、不可预见、"不能预测"的一切困扰(Ja 41)。德里达正是以这种奇怪的自 109
由,承担着"批判思想家"这项使命,而这正是畸怪之处。他在《论文字学》的开篇宣称:"未来只能以绝对危险的姿态出现于我们的期待之中,它绝对地打破构成性的常态,而且它只能作为一种畸怪的存在被宣布、被展示"(OG 5)。所谓"绝对的危险"无疑与德里达所提到的"绝对新鲜的感觉"以及他作为"绝对的初学者"的身份有关:你永远不知道他下一步会写什么。他强调"危险和苦痛的"写作经验也许有助于我们理解他为何能够掌握如此多样的文体,例如较为传统、枯燥的学术文章(如 OG,SP,SM,PF),分成两栏或两组空间的"双重文本"(double-texts)(如 G,TP 和 LO / BL),格言集(如 AC),日记和自传性的片段(如 Bio 和 C),明信片和相关的书信体文本(例如 E 和 T),等等。

## 未来

介绍德里达作品所遇到的其中一个问题——也可能是最大的问题——在于人们都无可避免地误以为他的思想、他的文本和“观念”可以被概括、被系统化或简化，简言之，被描述。他们以为可以对他的作品进行描述而不必让其改变或变形，或者以为他的作品只是在临时性或补充性地处理改变或变形。正如我已经澄清，描述与改变并非对立。德里达的作品就是在不同语境下不断制造动荡——那不能预测的一切可能是书写或阅读的必要条件。

有人可能认为德里达的作品是在抵抗系统化，这也是让人误会的说法，对此德里达有以下回应：

> 解构并非跟系统作对抗，恰恰相反，系统是不可能的，而解构不仅追寻这个事实，它更是这个事实所引起的后果……解构旨在证明：系统根本不能运作，而且这种故障不单让系统中断，故障本身更造成对系统的渴望，而系统正是从这种断裂或分裂之中，取得顺畅运作所需的动能(élan)。
>
> (TS 4)

110 所谓“系统性”一直且早已是不可能之物，所以对系统的追寻才会应运而生。德里达曾不止一次重提并重塑莎士比亚的名句：“这时代是全盘错乱呀”(参见，特别是 SM 和 TOJ)。这句话适合从“未来”的角度去诠释。我们可能会认为，或者希望自己或多或少可以预测未来：“快要看完这一章了，很快就‘解构’完毕，看完回家可以看电视”。但德里达不认为这就是未来，因为这些都只是预测、预期和计算下的结果。解构要做的，是“拥抱未来”(Aft 200)，所以他一直强调法文里的“未来”（*l' avenir*）和“到来”（to come，英文“come”的法语为“*venir*”，“to come”则为“*à-venir*”）之间的关系（参见，例如 PIO 28-9）。未来是将要到来的东西，是不可知的，“它不允许自身被规范（modalized）或修改为现在式”（Aft 200）。对德里达来说，它是有待创造的（参见，例如 PIO）。用政治语汇去讲，未来意味着对“将临的民主”（democracy to come）肩负起责任，也意味着我们思考政治（民主、正义、权利、边界、好客之道、移民、国民及个人身份等）的同时必须考虑“新来者”（*arrivant*）。

## 新来者

伊丽莎白·韦伯在 1990 年采访德里达，他是这样说的：

> 未来必然是畸怪的：我们毫无防备的未来，那令人惊讶的未来，都是由怪物或类似的畸怪物种所带来的。不畸怪的未来不可称之为未来；因为这样的话它就沦为可以预测、可以计算、可以编排之物。要拥抱未来，就必须为畸怪的新来者作迎新的准备。
>
> （PTP 386-7）

“新来者”这个词（字面解作“到达的事或人”）在德里达的作品中是一位相对较晚的到达者：在《困局》（1993）一书里首次得到详细的讨论。但如果以作品发表的时间顺序，用“新来”与“早来”去定位“新来者”这个词，充其量只是不痛不痒、卖弄小聪明的文字游
戏。其实新来者鬼魅般地缠绕着德里达对“未来”的论述，甚至他 111
写过的一字一句都有新来者的影子。

跟到达（arrive）这个英文词一样，“arrivant”——新来者，就是

到岸者(古法语"*ariver*"解作"到达岸边",源于拉丁文"*ad*",解作"往";*rīpa*,解作"岸边")。所谓畸怪的新来者牵涉边界或门槛等问题:到岸的、敲门的是什么东西,又或者是什么人?德里达倾向于把新来者设想为一种"绝对":它"还没有姓名或身份","绝对意义下的新来者并不是入侵者、侵略者或殖民者",它"不是到达之物,也不是到达者,不是一个主体,不是人类,不是个体,也不是生物"(A 34)。相反,"新来者"就是"好客之道"本身(A 33)。正如德里达在别处所说,那是一种"绝对的好客之道",是对新来者,也就是对"不能预料的未来"(SM 168)说出一句一句的"是呀"(yes)或"来吧"(come)(或"拥抱自由吧")。新来者到达之前不会有名字,身份也不会得到确认,它"对我们来往和经过的'门槛'产生影响"(A 33)。新来者令"宴客的主人惊讶,新来者这个时候还没有权力作主或设宴款待,但这足以使所谓合法家庭的边界"(A 34)、"家的岸域"(home-shore)或"家门"(door)和"家的门槛"等概念变得可疑。

怪物潜伏于德里达作品的每个角落,蛰伏于其边界之上或之内:他的作品正是"踩在界上"(A 35)。这正是他的居所,这就是他生之居所(life *chez Derrida*)[1]。在这种"踩界"的生活里,你不可能完全分辨清楚新来者、死者,以及归来者(归来的鬼魂)之间有何差异。德里达抽走了人们自以为正确的立足点,在此他最激进的洞见在于,"绝对的新来者"使一切"变得可能",对于可能被诱惑着去削弱它——包括"人性",各种形式的"归属感"(文化的、社会的、民族的、性别的),岸,门,又或者是"自我、人格、主体、意识等"概念——的人来说(A 35)。要是没有畸怪的新来者的独异性,事件(event)、

1 法文解作"德里达的家",作者在这里用了法文应是想突出德里达生于法国殖民地阿尔及利亚,却以法语写作这种"踩界"状态。——译者注

名字或身份不会存在。

听起来,你可能觉得德里达很喜欢吓唬人,或者自己吓唬自
己。我澄清一下,其实他对畸怪和"畸怪的新来者"的关注,跟他对
平常事物、常理以及规范化等的关注有着密不可分的关系,你大可
以说这也是他的论述有点诡异的原因(参见,例如 A 33, SM 168)。 112
这关乎到诡异"经济学"(参见 EO 156-7)的问题——也就是要重新
思考正常/畸怪、熟悉/陌生等所谓的对立。他在 1987 年一次演讲
中指出:"畸怪只能被'错认'(*méconnue*),即是说,它不被承认,并
被误解。我们对它只能后知后觉,在它变成常态或主流时才会察
觉到它"(SST 79)。

## 不可接受,不可包容,不可理解

如果德里达关注写作和畸怪,如果解构是一种畸怪之物——引导我们不断靠近畸怪的一种思想,如果解构把我们引导到德里达在 1966 年发表的论文《人文科学论述中的结构、符号与游戏》里提到的"无形、无声、处于雏形且恐怖无比的畸怪状态"(SSP 293),那么对驯化、抢夺和同化运动的关注是必要的。让我继续引用前几页德里达谈到未来和畸怪的一篇讲话:

> 所有向未来开放的体验都会欢迎新来者的到来,会为它的到来作好准备,并以好客之道款待那绝对陌生,也就是绝对的非我族类,但我必须提醒,这种拥抱未来的经验,同样会驯化他者,令它成为家里的一分子并入乡随俗,同时也令我们习惯一些新的习惯。这就是文化的运动。起初令人厌恶的文本和话语,在还没有被抢夺、同化、驯化之前,其实也为接收者的场域、社会文化和历史经验的本质带来转化。历史经验告诉

> 我们,每一次**事件**,例如在哲学或诗歌中,都是以不可接受、不可包容、不可理解,也即是有点畸怪的形式发生的。
>
> (PTP 387)

哲学可以非常畸怪,诗歌也是。每当畸怪之物出现,就会发生“事件”,但事件不会发生于**现在**,人们只能“后知后觉”。畸怪如果真有归宿,那么它可能活于时间的断裂之中(out of joint)。

113 德里达强调“畸怪是不会显露自身的”(SST 79),因为“只要认出了怪物自身,驯化怪物的过程就已经立刻开始”(PTP 386)。“畸怪的时间”对德里达来说尤为重要,因为它显然跟延异的法则(the law of differance)——隐藏自身的各种延迟和断裂的力量——连成一线,但这不只是“连成一线”或结盟的问题。早在1963年德里达就在作品的题词里引用法国浪漫主义画家尤金·德拉克洛瓦(1798—1863):“每条线都是怪物……只有一条线是没有意义的,要表达意义,第二条线就变得必要。这是重要的法则”(参见FS 15)。这也是为什么德里达认为,“畸怪的到来跟日期的到来,受制于相同的法律”(PTP 386)。(在此,我们可以回想一下我早前对奇怪的日期[如“9.11”]的讨论:参见第1章)

众所周知,德里达的作品经常被标记为“不可接受”、“不可包容”和“不可理解”(都是些根本没有读过他作品的人)。的确,德里达热衷于哲学、诗歌等领域上被主流认为是“不可接受”、“不可包容”、“不可理解”,亦即某程度上有点畸怪的事物。在德里达看来,畸怪的东西就是不在场,就是最不能展示的东西——也恰恰是将临的未来,是还没有写出来的文字,是空白页或空白的屏幕。但这也并不是说“书写畸怪文本”是德里达唯一的兴趣(PTP 386),我相信没有人以这样的眼光审视莎士比亚吧。不过,与德里达一样,莎士比亚也是一位思考“畸怪”的伟大思想家。

首先映入脑海的是莎士比亚剧作里的角色，例如伊阿古(Iago)，埃德蒙(Edmund)和麦克白(Macbeth)。当代文学批评家哈罗德·布鲁姆把这些“心肠恶毒的畸怪”角色称为“自我的艺术家(artists of the self)”(Bloom 1994, 64)。莎士比亚在制造怪物方面是无情的，他创造的怪物在性格、技艺(art)和自我方面都令人觉得“不可接受”、“不可包容”、“不可理解”。莎翁呈现的未来也充分展示了他畸怪的一面。在《李尔王》这篇剧作里，奥本尼公爵(Albany)这样形容高纳里尔(Gonoril)和里根(Regan)的恶行：

> 如其上天不快快的遣下现形的天使
> 来节制这些罪行，
> 必致人类互相吞噬，
> 如海怪一般。[1]
>
> (Scene 16, 45-9)

这是来自未来的映象，是世界末日般畸怪的映象，也许是“将临的” 114
(will come)映象。我们可能会觉得，《李尔王》传达了一种独异、前所未有的“不可接受”、“不可包容”、“不可理解”，但这并非既成事实，它是一种有待重新阅读及重新观看的体验。借用德里达的话来说，莎士比亚的作品好比一部“重播机器”(Dia 145)，每一次的重播都是独异而与众不同的，都是“一次重新开始”(TS 47)，是新的相遇，又或是“开拓未来”的无数相遇。

在作品里的怪物正鼓荡着翅翼，准备启程。当伊阿古在《奥赛

---

1 中译取自：《李尔王》，莎士比亚著，梁实秋译，台北：远东图书公司，1976。——译者注

罗》第一幕结束时说:“主意已经成了胎;地狱昏夜要把怪胎送到世上来”[1](1.3.385-6),他讲的就是将临之事。就像以剧作家或导演的形态出现的恶魔,他以深渊炼狱之声及劳动召唤“怪胎的诞生”,使其暴露于日光之下,也借此结合了叙事和“将临”的戏剧性结构,这种结合的出现不只限于某个场合或某次的阅读或观赏,它是名为《奥赛罗》的这部“重播机器”所内置的一种结构性状况。但同时我们要留意,伊阿古在结合的同时,也折断了文本叙事与“将临”之间的链条,把尚未现身的怪物掩埋:在《奥赛罗》里“怪物的诞生”又何曾出现过呢?有人亲眼目睹吗?

跟莎士比亚的作品一样,德里达的作品对所谓“常态”表现出深刻却矛盾(独异和创新)的依恋。如果解构是畸怪之物,那是因为解构的目的就是要“扰乱规范”(‘ANU’ 85)和改变常态。德里达也表明,“正常的畸怪”(SST 79),常态的畸怪是存在的。他作品中的挑战——令我们既惊恐又兴奋——催促我们重新构想世界,为写作、阅读、思考和行动开拓各种新奇的可能。

例如,为什么我们要为某种论述或“主义”(新批评、新历史主义,解构主义或别的什么)去写文学或哲学的论文呢?就此德里达作出以下声明:

115 与其向使东西规范化和合法化的再现(representation)让步(这些再现仓促地识别、认可、简化一切事情),为什么不把眼光投向“理论”的怪物身上呢:那些在理论中标榜自己、在事前令各种分类及思潮起伏(rhythms)——新批评(New Criticism)之后则轮到“主义”,然后是“后主义”,接着又是另

1 中译取自:《奥赛罗》,莎士比亚著,梁实秋译,台北:远东图书公司,1976,39页。——译者注

> 一“主义”,现今仍然是另一“主义”,等等——变得过时、滑稽的怪物。对于最独特和原创的文本,又或是最符合语言习惯的文章来说,各种各样的“主义”(作为一种试图进行规范化的论述)本身就是畸怪的,但其实也是正常的。主义无处不在。
>
> (SST 79)

对于有志于写“学术”论文或著作的人来说,德里达这段概述可算是一种让人吃惊的挑衅。此处有一个典型的反转:德里达建议我们反思,把“常态的”对等于“畸怪的”,例如在《心灵感应》这篇出奇零碎的文章里,他不去问“心灵感应”是否存在,反而去想“非心灵感应”是否可能(参见 T 504)。

## 正义

2001 年 9 月美国发生恐怖袭击,21 世纪的第一场战争开始了。不过,就算乔治 · W.布什没有开战,按德里达的说法,世界早已处于战争状态了。在《马克思的幽灵》(1993)一书中,德里达指出,以“弥赛亚式的末世论”(messianic eschatologies)为名的战争早就开始了,其主要任务是要把耶路撒冷据为己有。德里达补充道:“今天的世界大战,就是为了抢夺耶路撒冷的一场大战。它在各地发生,这是今天,这个世界正在‘断裂’(out of joint)的唯一形象”(SM 58)。在 2001 年 10 月 2 日于布莱顿(Brighton)举行的工党大会上,英国首相托尼 · 布莱尔以“新世界秩序的愿景”为题发表了一篇强硬的演说,并表明为了应对“9.11”这个“世界历史的转折点”,有必要“以我为主,重新打造世界秩序”。在演说的尾声,他相当幼稚地宣称:“犹太人、穆斯林和基督徒都是亚伯拉罕的孩子,是时候把我们共同的信仰紧密地联系起来,一起去了解我们共同的价值观和传统,它可以令我们团结和强大”(Blair 2001,4-5)。

116 在德里达看来,这些信仰都是建基于畸怪之上的。他在《死亡的礼物》(1992)里指出,圣经里亚伯拉罕的故事,尤其是当中亚伯拉罕竟然愿意“处死自己心爱的儿子”这种情节,正是一种“畸怪”(GD 67)。这个故事之所以畸怪,部分是因为“女性的缺席”(GD 75)。这种“献祭上的责任制度”纯属父子之间的问题,似乎“排除了女性成为牺牲品的可能性”(76)。它畸怪得有如“最常见的事物”,有如“日常生活中最为普遍的所谓责任感”(67)。亚伯拉罕牺牲儿子奉献上主,是展现何谓责任(“把自己跟他者——那个异于自我的他者——捆绑起来的责任”[68])的一个范例。

亚伯拉罕和以撒的故事,以其独一无二的方式附和了德里达的论点,即“所有他者都是完完全全的他者”(68:*tout autre est tout autre*:所有其他人都是他者[every other (one) is every (bit) other])。德里达的作品敦促我们重新思考何谓“上帝”,何谓“祈祷”。如果延异“阻截一切通往神学的道路”(Pos 40),这(在第7章谈过)就意味着我们要以一句一句的“例如”(for example)去重新思考“上帝”,把“上帝”仅仅视作一个一个的例子:“例如,上帝”(Diff 26)。因此,*例如*,德里达会这样说:“每次祷告的对象都是绝对的他者;*例如*——我冒着令你受惊的风险说——上帝”(H 110)。在《死亡的礼物》里,德里达认为在耶路撒冷这个地方,“以撒的牺牲在每一天”都以守护耶路撒冷之名“持续地进行着。数之不尽的死亡机器在发动战线无尽的战争”(GD 70)。(相关例子,可参考德里达谈及的“政治术语”上称之为“种族隔离”(apartheid),以及支撑着这类种族主义的“神学及政治论述”当中的“畸怪特质”。参见 RLW 292,296。)

短短的讨论里已经可以清楚看到,德里达所有作品都极力争取被理解为一种“战斗文学”或“战争的哲学”,甚至是**战斗中的哲学**。他在其他文章中也曾宣布:“每一种诠释都有战争与战神(*polemos*)”(FL 999)。德里达关心的是全新的承继方式,他强调:“承继不是与生俱来的既成之物,它一直是一项任务”(SM 54)。他关注的是承继、质疑甚至是转变这个畸怪故事的逻辑的新途径,该故事是三大一神教(monotheisms)的核心,“犹太教—基督教—伊斯兰教道德”(GD 64)的“本质”。在《马克思的幽灵》及其他文章
里,他把自己的这种关注称为一种“去宗教化的弥赛亚主义”,是对 117
“正义”的另一种思考(SM 59)。这涉及一个开放的思维,视未来为一种“他者的到来”:“不再被误以为与神学本体(ontotheology)中的上帝和人类有关的绝对他者”(PIO 60-1)。它是“无条件欢迎”的一句“认同(yes)”(Hos 77),也是一种“具有解放意味的承诺的体验”(SM 59)。

重要的是,是什么东西把解构跟“另一民主空间”(SM 169)和“将临的民主”这个承诺捆绑在一起的呢?在《马克思的幽灵》、《友谊的政治》及其他文章里,德里达一贯认为民主从来没有最终到来,它一直将(要到)来。在《友谊的政治》的结尾,他写道:

> 因为民主一直将要到来;只要它仍然可称之为民主,这就会是它的本质:它将继续可臻完美(perfectible),因此它总是不足,总是在未来;不过它存在于应许的时间之中,所以在每一个将来的时代里,它将一直维持将要到来的状态;即使民主实现了,它其实从不存在,从不在场,它是个不可在场(non-presentable)的概念。
>
> (PF 306)

在“应许的时间”这个比喻里，民主与解构有着千丝万缕的联系。德里达声言，“没有解构，就没有民主；没有民主，就没有解构”（PF 105）。

德里达在1989年10月于曼哈顿的卡多佐法学院（Cardozo Law School）发表了名为“法律之力：权力建立的神秘依据”的演说，其中的某些细节在现在看来，诡异得就好比拥有千里眼。他演讲中强调自己正在发言的地点——第五大道，距离“不义之炼狱只有几栋大厦的距离”（FL 997）。他又在演讲里为某种“无限正义”作出呼吁，这完全不同于美国政府在“9.11”恐怖袭击后畸怪地援引的同名概念。（你大概回想起“无限正义”正是针对“9.11”反恐行动的名称。这个说法深深冒犯了不少穆斯林及非穆斯林，所以很快就被弃用。）德里达呼吁我们“重新诠释我们文化和历史界定正义时所使用的整套边界装置（apparatus of boundaries）”。他说，解构“早已在处理向正义的及正义本身的无限要求”（FL 955）。解构关注的是“无界限的，也就是过度的、无法估量的、先于记忆存在的责任感”（953）。

118 世界大战频仍。“当今世上的不正义是人类有史以来最畸怪的”，而解构旨在向“所有维持不正义的东西”（SM 85）发动战争。德里达宣布：解构为“正义大发雷霆”；德里达眼中的正义和责任是“无界限”的，这一点跟他对“为国际法……带来深刻变革”所立下的使命并行不悖。他在《马克思的幽灵》中主张，“如果国际法真的要实行其声言拥护的民主和人权，它就应该扩展法律的管辖领域，使其更多元化，也应把全球的社会经济状况划入范围以内”（SM 84）。和解构、民主一样，正义必然带来一种“将临”的感觉：“正义”，德里达说，“尚未来临（*à venir*）”（FL 969）。正义与不可决定、不可估量和困局（aporia）相遇，它牵涉“不可能的经验”（947）以及一种“无以交换的礼物”(965)。(我会在第 11 章详谈这个概念。)但这不等于说,正义比起解构或民主更可延缓。德里达在《法律之力》一文坚称“若正义难以展现,它也不得延缓。正义刻不容缓”(FL 967)。

# 10

# 秘密生活

在“世上最有趣的事情”这一章，我指出“好”的文学批评必会牵涉某种“文学之栖居”。这种批判性的栖居涉及签署(sign)或副署(countersign)的尝试，它认证和确保了正被阅读的文学文本的与众不同和引人入胜。如果文学作品是一种行动(德里达的著作贯彻始终地肯定这一点)，文学批评又何尝不是呢？如德里达所言：“‘好’而有价值的文学批评意味着一种行动，一种文学的签署或副署，一种于语言之中创造语言的体验，把阅读的行动性深刻地写进文本领域里”(TSICL 52)。这事关独异(the singular)。在以下篇幅，我将聚焦德里达作品中，独异概念的重要性，也会理顺好些相关议题，例如签署(the signature)[1]、个性文体(the idiom)、自传和秘密。

1 原文直译为“签名”，但作者指出的，其实是像“签名”一样辨识度高的“风格”。——译者注

## 这只是发生在我身上

每部文学作品都是独异的,对作品的解读亦是如此。所谓独异,在于独一无二的文体、风格,以及作者自身的签署认证。如何书写、阅读,人人各有不同。德里达的观点可以进一步扩展为:每
120 个人都有自己的做事方式、思考方式、感受方式和经验方式:这可能关乎你摆姿势拍照的喜好和选择(TNON 200-1),也可能是某"独异情况"下的一场对话,例如风和日丽的某天,"**大海在我右边**"(TS 70)。德里达在他奇怪的自传《割礼忏悔录》里如此总结:"这只是发生在我身上"(C 305)。

这种独异必然带来双重束缚。简言之,"我们对个性文体的渴望,其实一点都不个性"(SF 360)。独异性跟普遍性,其实是一体两面。"绝对纯净的独异之物……是不可解读的":要做到"可解可读",独异之物(一个眼色、一字一句、一本小说和一篇哲学论文)必须参与到普遍之中,例如"类型(genre)、种类、处境、表意及意义在概念上的普遍性"(TSICL 68)。独异看上去独一无二,文体风格看上去也很独特,但其实这些独异性总已是受损的、分裂的、鬼魅的。因此德里达认为,"作者自身的所谓的签署,一般会理解为一种作者的标记,但其实它是连作者自身都盗用不了、控制不了的东西"(TS 85)。

"对个性文体的渴望"是永无止境的,因为它是"你不可盗用的财产,它在你身上签署却不属于你"(U 119)。德里达提出另一种思考正当(proper)、专有名词(proper name)、财产(property)及盗用(appropriation)的路径。所有这些"专有"术语均来自拉丁文 *proprius*,解作"独占"(own)。德里达所有作品都对"专有"中"独占"的意味提出质疑和反思。如他所言:"一般来讲,我不相信盗用

是可能的”(ATED 141)。作品是独异的,但莎士比亚十四行诗的独异性跟伦勃朗或一张支票独异性没什么分别,因为“伪造总是可能的”(ATED 133)。德里达(或者他的模仿者)又说:“伪造的可能性总是限定了事件的结构,那事件可称为‘签署’”(BB 25)。

在他讨论法国诗人弗朗西斯·蓬热的题为“签名蓬热”(S)的小书里,德里达充分探讨了他自己对所谓“个性文体”和“签署”等概念的沉迷,这也是他迷恋文学和诗歌的主因,也解释了为什么他的作品惹恼了某些哲学家(也有非哲学家)。就传统而言,哲学论述本来就不应该跟哲学家“对个性文体的渴望”扯上关系,也不应该跟男哲学家(或是作为少数的女哲学家)渴望在哲学史中留下独
异且特殊的标记、印上他(或她)的名字扯上关系。不过,德里达一 121
再证明,独异、个性文体、签署等概念,和文学或诗歌一样,对思考哲学或文学批评有莫大的启迪作用。

“雅克·德里达”作为一个名字,只要处身于语言的语义经济(the semantic economy)之外,它就理应是一个专有名词。它指涉的是独一无二的雅克·德里达。世上可能有不止一个德里达,但在每一个德里达那里,这个名字是他们独有的、专有的。毫无疑问,你会假设我一直在谈论的“德里达”是指同一个人。“我无意建立任何形式的真实性”(LI 55):这算是解密德里达作品的暗号。德里达旨在强调,专有名词、正当和财产、签署和独异性等概念中,存在着诡异、不可控制(unmasterability),以及困局、双重束缚和不可决定的体验。

“对个性文体的渴望”以明确、讽刺、时而幽默、时而超现实的方式闪动于德里达的文本之间。例如在《丧钟》(1974)一书以及在《明信片》(1980)一书中的“送出”(Envois)部分里,德里达的姓和名的第一个英文字母——“JD”就被策略性地反转为“DJ”(法语

*déjà* 解作“已经”)。换句话讲,一种反转(或可逆性)和“总是已经”(always already)的逻辑总是已经刻写进 JD 的名字里。DJ/JD 上演了一场隐秘、令人崩溃的解构默剧,特别是因为这种默剧倾覆、逆转和重写了概念的对立和权力的结构(参见 Pos 41-2),体现了一种总是已经被鬼魅缠身的生命逻辑、思考逻辑、语音逻辑和书写逻辑(参见,特别是 SM)。

德里达在《明信片》一书中的一封封明信片(题为“送出”)里也在对自己的名字作奇特的变形,如“*j'accepte*”(法文解作“我接受”,是“雅克接受”(Jacques accepts)合并而成)(E 34),又或者是:

> **der**—有点像“the”的德文变体—
>
> **id**—不就是德里达或弗洛伊德的本我(id),又或者是柯勒律治及其他人的“本我”(id)或“个性文体”(idiom)—
>
> **da**—德文解作“在那”(there),即:不在这里,而是找到相隔好些距离、已经离开、缺席、死亡的东西;da 也暗指弗洛伊德在《超越快乐原则》里提到的名为“fort/da”的游戏,是幼童为了应对并尝试接受母亲缺席而进行的一种游戏(参见 Freud 1984,269-338)—以及
>
> ***derrière les rideaux***(**布幕背后**)—德里达“在布幕后面”:他在后面吗,还是不在?是谁啊,是他吗?魔术师德里达瞬间消失的技法,名称作为——空洞的?——秘密。
>
> (参见 E 78)

122 这些名字的变异体是某种审美或文学的嬉戏,还要是比较奇怪的那一种,不能单纯把它理解为“美学”、“文学”或者“游戏”。如果

这是种自恋,德里达会称之为一种“自恋的新式解读”(参见 RI),特别是当中的“双重束缚或双面逻辑”:“自恋程度越高,自恋程度也就越少”(E 52)。德里达借“***derrière les rideaux***”[1]这一句指出,在“失去名字的欲望”之中把名字分割及把它变成一个个普通的名词,其实也是一种名字的胜利;在这个双重束缚的场景中,“赢的必失,失的必赢”(EO 76-7)。只要不再专有,专有名词的地位才得以确立。

在《巨蟒与圣杯》(导演,特里·吉列姆,1974)这部电影里有很搞笑的一幕:粗声粗气的苏格兰地主为了让女伶般软弱的儿子振作起来,手舞足蹈地向他展示城堡窗外广袤的庄园,并大声宣告:“儿子,总有一天,**这一切**将属于**你**!”儿子望向窗户,呜咽道:“什么?你是指那些**窗帘**(curtains)吗”这段对话突显了父亲在何谓“正当”(proper)这个问题上扮演着重要的角色。德里达在《丧钟》(G)、《真相的制造者》(FV)以及《签名蓬热》等作品中的分析均指出,“正当性”所赋予的权力运作跟阳具中心主义(phallogocentrism)有密切的关系。换句话说,它跟西方文化是密不可分的,因为后者把所谓正当的意义、权力和在场(简言之,即是逻各斯)跟阳具(phallus)在想象界(the imaginary)和象征界(symbolic)的权力挂钩。

我们可通过朱丽叶在莎士比亚戏剧中对“专有名字”(proper name)所作的一种“拒绝和解的分析”(AC 427)一窥父亲之名(the name of the father)的效应。她不只叩问:“罗密欧啊,罗密欧!为什么你偏偏是罗密欧呢?”,后来朱丽叶更一语中的地问:“姓不姓蒙太古(Montague)又有什么关系呢?”德里达强调,继承父亲名字的总是儿子,而“绝对不是从来没有话语权的女儿”(AC 430)。祖宗

---

1 法文读起来和 Derrida 读音相似。——译者注

的姓氏(“蒙太古”)正是这出悲剧的元凶,并非儿子的名字(“罗密欧”)。一切都归咎于朱丽叶对罗密欧那绝不可能的恳求:“啊!换一个姓名吧!”(参见 *Romeo and Juliet*, 2.1.75 ff)。对德里达而言,朱丽叶“可怕的洞察力”在于她能够理解“父名子承”的**双重束缚**;罗密欧·蒙太古“只能通过放弃继承父亲之名才能得以独立,为一己而活,但他名字的一笔一画都并非他亲笔所书(‘要是把它[我的名字]写在纸上,我一定把这几个字撕碎’[2.1.99][1]),可惜名字偏
123 偏构成了他的存在”(AC 430)。德里达在此没有明确处理“签署”这个概念,虽然罗密欧提到名字不属于他自己,也显示出名字作为书写总是萦绕着死亡的气息。德里达在《马刺》一书中指出:“到头来,何谓亲笔书写呢?”(Sp 127)。在一定程度上,当一个人写下自己的名字(无论它是不是签名),死亡已经隐伏其中了:它永远是布幕般的存在。

有些人可能希望以自己的专有名字,为自己的作品签名,希望自己的文字在众人眼中独一无二。对此,约翰·卢埃林的回应再简洁不过:“作者的签名令人熟识的同时也令人感到陌生”(Llewelyn 1986,71)。所谓的文字风格也不过是司空见惯。我在本书的头几页已经提出,爱自己的名字,就好像爱上不属于自己的东西(参见 AI 219);每个人对自己的名字都感到陌生(参见 AC 427)。又或者如德里达在其中一封《送出》中指出:“有人叫你的名字,这个时候,即使(也正因为)你作出回应,你和你的名字是永远对不上的,也从来就没有对上过。即使名字的拥有者不再生存,名字依旧存在;因此,名字总是倾向属于逝者。”(E 39)。

德里达分析弗朗西斯·蓬热的诗歌,并指出:“签名必须同时

---

1　中译取自《罗密欧与朱丽叶》,莎士比亚著,冯杰注释,朱生豪译,外文出版社 1999 年版,354 页。——译者注

留下来和消失,为了消失它留下,为了留下它消失”(S56)。在《签名蓬热》里,他指出:

> 专有名词有着射幸性(aleatoriness)[1],所以它应该是毫无意义的,而且只能跟指涉对象发生即时的关系。专有名词的随机性(arbitrary)(或苦难)在于(每次情况都大为不同),它刻写于语言系统之内,让它有产生意义的潜在可能,在意义产生之际它就不再独一无二,不再“专有”了。
>
> (S 118)

射幸性有着必要的作用,偶然性(chance)也是必要的。正如在
“*derrière les rideaux*”(布幕背后)这一句里,我们可以隐约瞄到
“Derrida”(德里达)的影子,这是一种偶然,并非德里达的个人选择
或错误;同样偶然地,“Royle”(我的姓氏)的英文字母被拆散并隐
藏于“aleatory”(射幸)一词中,读起来(特别是美国口音)更像动词
“roil”,可解作“漫游”、“玩耍”、“令人厌烦”、“震动”、“去沉淀
化”,换句话说就是解构。正如德里达所言:“这些都明显地超出人 124
们所能控制的范围;人们其实并没有能力把自己的名字播撒
(disseminate)开去并把它当作文字游戏,这些都得归因于专有名词
的内部结构”(EO 76)。虽然如此,德里达并没有忽略“对个性文体
的渴望”,这在某种程度上正是他唯一的兴趣所在;他说过,他的思
考总是受到一种“梦寐以求的个性文体”所推动,这种令他魂牵梦
系的“纯粹”书写虽然“不可及”,他却能“倾听”。他觉得这种“最

---

1 文中区分了“aleatory”和“chance”两个词,所以采前者的狭义而非两者的同义而把前者译为“射幸”。前者为保险和法律术语,例如“射幸合同”就是依靠运气,特别是某事件的发生与否或结果如何,从而定夺谁得益或者亏本的合同。——译者注

高级别的渴望”正是他走向文学而不是哲学的重要原因。他说，“文学比哲学更有空间去承载”(U 118)这种梦想或渴望。

《丧钟》和《送出》等作品清楚指出，谁也不能用签署的方式把任何东西据为己有，所有记号或刮痕都并非独一无二，也不象征完整的主权。这也稍微解释了为什么德里达对诗歌这个问题以及这种经验特别有兴趣(我希望在下一章更详细解释这一点)。正如德里达于一篇题为“何谓诗歌?”(Che cos'è la poesia?，意大利短语，解作“何谓诗歌?”又或者按字面理解，“诗是什么东西?”)的文本中宣称：“诗，我是从来不‘签’(sign)为己有的”(Che 237)。诗歌或许是一种让人以最激烈、最令人受创(的方式)去处理这种“签署的不可能”的文类或经验，这种不能签为己有的欲望，对你而言只是刹那的疯狂，但它却是德里达所有作品背后的推动力。德里达认为个性文体：

> 只出现于他者(other)面前，个性文体只会以亦生亦死的刹那疯狂的形式回到你身边，使你欲仙欲死。无可避免的是，你梦想创造了一套自己的语言，或一首只属于你的歌谣，但它并不会是“自我”的标记；反而，它是你最难以卒读的生命史中，用以强调的花押，也就是，那宛如音乐的签署。
>
> (U 119)

德里达指出，我们都对个性文体有着欲望，并受它驱使；这种欲望好比一次签署，好比一首歌、一段音乐；这是“一次不可能的经验”(我们可能还记得，这就是德里达眼中，解构的“最能够令人勉强接受的定义”[Aft 200])——但这种对个性文体的“梦想”或“刹那的疯狂”并未结束。相反，它们促你启程，并一直前进。

## 秘密通道 125

以上种种带给我们一个主题——它遍及本书各页但未曾被明确讨论——秘密。我们谈到“切身经验”(某种程度上这必定是一种秘密),谈到对个性文体的隐秘渴望(例如我也许会问:个性文体那仿若秘密般“不可及”的纯粹,是怎么回事?),以及谈到“名字”中那隐蔽的死亡“现场”——谈到这些的时候,我们都绕不过所谓的“秘密”。刚才我在“布幕背后”(*derrière les rideaux*)一例里就提出过“(空洞?)秘密”这个想法。德里达在他的《困局》一书里写道:

> **死亡**就是秘密的一个名字,它签写了不可替代的独异存在。它把名字公诸于世,那是个公开的名字,也就是秘密以及(无名的)专有名词的通用名称……关于死亡的一切言语,诉说的也不过是一个秘密社会的悠久历史,这个秘密社会不是公共的,也不是私人的,它一半一半,介乎两者之间
>
> (A 74)

德里达把“死亡”说成“秘密的一个名字”,目的是试图不再把“秘密”构想成一种原则上可以被揭露的事情,秘密应该是“绝对不能破译的”(GT 152)。他在《激情:“间接的献礼”》一文中以格言的方式写道:“秘密是存在的,但它从不隐瞒”(POO 21)。

在这种情况下,我们可能会注意到所谓秘密或隐秘(secrecy)在本质上不一定跟人类有任何关系。死亡作为一种秘密,令我们重新思考人与动物之间有什么关系,引出一种视人类为动物的思考方式。德里达在《困局》中强调:

> 动物与死亡是显著相关的……即使表面上,它们跟死亡和死亡的“名字”本身没有关系;即使动物跟他者本身,以及他者的异质性和纯洁性没有关系,但人类也跟这些都不相关,这正是问题所在!
>
> (A 76)

我们可以用任何名字来称呼这个秘密,但“它依然是隐藏于名字背后的秘密”(POO 21)。它里面有着“绝对”的特质(参见 POO 22-5)。德里达认为这种秘密“有异于隐藏物”,“超载了遮蔽/揭露
126 这种双重互动”(POO 21)。在 1994 年接受一个采访时,德里达非常清晰地阐述了何谓“秘密”体验:

> 显然易见,“绝对/秘密”最吸引人地体现在“死亡”、有关死亡的、被死亡带走的东西身上——因此它也正是生命本身。我们要承认一个事实:在体验秘密的过程中,与死亡的关系占主要方面,**但我想,长生不死的人一样会有相同的遭遇**。……基本上,我思考的一切、我尝试的一切、我教和写的一切,其存在的意义(raison d'être)、背后的动力、任务和要求,通通可以在“秘密”中找到,这个“秘密”却不懈地否决任何对它作出决定的努力。
>
> (TS 58)

德里达又认为,我们可以“谈及(speak of)这个秘密,却不能把它宣之于口(say)”。秘密就是一种“分享——分享那不曾分享过的”,他说:“我们大家都知道,我们没有共同点”(TS 58)。

德里达眼中的秘密可以有不同路径的阐述：它困扰着每一个字、每一个名字、“每一个瞬间”(POO 21)。现在请允许我先提出其中三条秘密的交错路径或秘密通道。

第一条路：自传。“自传，即秘密的核心”(TS 57)。换句话说，我们可以(仿效德里达在《割礼忏悔录》[C]和《自己的蚕虫》[SOO]等文章里的做法)把自传解读为一种秘密的空间。这种自传性的论述并非显露内在自我的地方，不是性史的揭发，也不是橱柜里的骷髅重见天日，而是以“有异于隐藏物”的一种隐秘，去体验不可能的空间，去领略那些可以谈及却不可言说的东西。我过的是“秘密生活”。“我切身经历的一切”，我都可以谈及，但因为当中有着那永不在场、永不能感知体验的他者性(otherness)或异质性，我不能把这一切宣之于口。我们也许想把这种秘密称之为“死亡”，但德里达认为我们有合理理由称之为“生命、存在(existence)、踪迹”(POO 24)。自传本质上不可避免地有异于死亡驱力(heterothanatographical)[1](SF 273)：书写生命事关“生死”(参见 SF 292 和各处)。

第二条路，政治和宗教。德里达在 1990 年代初出版的著作中(GD, SM, PF, FK)试图分析、质疑和改变好些政治和宗教之间的深刻联系，特别是当中有关秘密的讨论。他指出，“如果连守护秘密 127
的权利都没有，我们无异活于极权主义之中”(TS 59)。在传统意义上，没有秘密就没有民主(不论是思想上的私隐又或者是选票箱的保密程序)。德里达声称自己“对秘密有种偏爱”，这促使他把传统意义上的秘密和解构意义上的秘密紧密结合，虽然他坚持认为“两者有异于彼此”(59)。两个概念的纠缠跟“归属感”有关：“对

---

1 hetero 作为字首解作“异”；thanatos 是希腊神话中的死神，在精神分析中等同死亡驱力(death drive)。——译者注

归属感或共同体的承认——不论是对家庭、国家、母语——意味着秘密的失落”(59)。德里达视野中的所谓“新国际”(这也是《马克思的幽灵》一书的副标题)意味着他对“几乎是秘密”般的“亲近感”作出肯定,同时这种亲近感跟归属感是格格不入的:那是一种“去除身份、头衔……没有党派、国家、民族共同体(一种先于、跨越及超越任何国族自决的新国际),没有共同国籍,更没有共同阶级”(SM 85)的关联。在《马克思的幽灵》及其他文章里,德里达的民主思想(或他称之为“将临的民主”)意味着一种承诺“去宗教化的弥赛亚主义”(SM 59)。一种以非宗教意念去构想的秘密。他追随的是一种“没有归属”、“不是个体享用”的秘密(GD 92),是一种“去神秘化”(demystication)的过程(GD 102)。他在《激情》一文中指出,“秘密并不神秘”(POO 21),它奇怪的“核心”先于且超载于宗教性的启示或可供彰显的启示空间(revealability)。

第三条路,文学。在《赠予时间:1.假币》一书里,德里达在解读查尔斯·波德莱尔(1821—1867)一首题为“假币”(La fausse monnaie)的散文诗时,强调了所谓“文学的秘密”,“这个秘密所带来的可能性,使文学得以可能”。按他的描述,这种可能性体现于那“赤裸的双声述说装置”(GT 153)。最简单的例子莫过于一般所谓的第三人称观点叙事(third-person narrative fiction),特别是全知叙事者(称呼他们为“心灵感应叙事者”可能更好)的叙述,例如第7章谈到,《心之死》里面的购物清单。只要作者或叙事者向读者提供某种秘密的知识——人物(特别是文本里的角色)的心灵和肉体里的所思所感——我们就可以确定,“赤裸的双声述说装置”运作无误。另一个例子是詹姆斯·瑟伯笔下一个古怪的故事:《瓦尔特米·提米的秘密生活》(The Secret Life of Walter Mitty),它揭露
128 了这一秘密。作为一篇第三人称叙事的故事,它呈现了主角的所

谓“秘密生活”。与此相反，在第一人称叙述的情况下，如果文本里的叙事者“我”跟文本的作者身份上有所不同，那么我们便处于文学的陌生异域之中。这个双声述说装置（或双重书写装置[being-two-to-write]、双重思考装置[being-two-to-think]、双重感觉装置[being-two-to-feel]）正是文学的秘密所在；它奇怪又诡秘，使文学成为可能。

# 11

# 诗之断裂

如果没有诗之断裂,诗歌也就不存在。这也许就是塞缪尔·泰勒·柯勒律治的名作《忽必烈汗》(1797)的主题。下面我会用柯勒律治这篇伟大的诗歌作为参考坐标,阐述好几个我认为对理解德里达作品至为关键的议题:不可读(unreadability)、毒品(或药物)(drugs)、诗性(poematic)以及礼物(the gift)。我们先读《忽必烈汗》这首诗:

忽必烈汗在上都(Xanadu)曾经
下令造一座堂皇的安乐殿堂:
这地方有圣河亚佛流奔,
穿过深不可测的洞门,
直流入不见阳光的海洋。
有方圆五英里肥沃的土壤,
四周给围上楼塔和城墙:

那里有花园,蜿蜒的溪河在其间闪耀,
园里树枝上鲜花盛开,一片芬芳;
这里有森林,跟山峦同样古老,
围住了洒满阳光的一块块青草草场。

但是,啊!那深沉而奇异的巨壑
沿青山斜裂,横过伞盖的柏树!
野蛮的地方,既神圣而又着了魔——
好象有女人在衰落的月色里出没,
为她的魔鬼情郎而凄声嚎哭!
巨壑下,不绝的喧嚣在沸腾汹涌,
似乎这土地正喘息在快速而猛烈的悸动中,
从这巨壑里,不断迸出股猛烈的地泉;
在它那时断时续的涌迸之间,
巨大的石块飞跃着象反跳的冰雹,
或者象打稻人连枷下一撮撮新稻;
从这些舞蹈的岩石中,时时刻刻
迸发出那条神圣的溪河。
迷乱地移动着,蜿蜒了五英里地方,
那神圣的溪河流过了峡谷和森林,
于是到达了深不可测的洞门,
在喧嚣中沉入了没有生命的海洋;
从那喧嚣中忽必烈远远听到
祖先的喊声预言着战争的凶兆!

安乐的宫殿有倒影
宛在水波的中央漂动;

这儿能听见和谐的音韵
来自那地泉和那岩洞。
这是个奇迹呀,算得是稀有的技巧,
阳光灿烂的安乐宫,连同那雪窟冰窖!

有一回我在幻象中见到
一个手拿德西马琴的姑娘:
那是个阿比西尼亚少女,
在她的琴上她奏出乐曲,
歌唱着阿伯若山。
如果我心中能再度产生
她的音乐和歌唱,
我将被引入如此深切的欢欣,
以至于我要用音乐高朗而又长久
在空中建造那安乐宫廷,
那阳光照临的宫廷,那雪窟冰窖!
谁都能见到这宫殿,只要听见了乐音。
他们全都会喊叫:当心!当心!
他飘动的头发,他闪光的眼睛!
织一个圆圈,把他三道围住,
闭下你两眼,带着神圣的恐惧,
因为他一直吃着蜜样甘露, 131
一直饮着天堂的琼浆仙乳。[1]

(引自 Wu 1998,523-4)

---

1　中译取自屠岸 http://www.shigeku.org/xlib/lingshidao/yishi/coleridge.htm。——译者注

## 不可读

和过去200年来其他英语诗歌一样,《忽必烈汗》这首诗似乎证实了德里达所提出的一种"核废料和'杰作'之间的神秘亲缘关系"(Bio 845)。援引他在《生物分解》一文的说法,《忽必烈汗》这首诗"抵抗侵蚀"(845),也就是说它抵抗解读的同时,需要酸腐的阅读:它全然不可读,但正因为它不可读而惹人迷恋。德里达的作品一向强调,不可读和可读并非对立。他认为"不可读的东西(unreadability)并没有阻碍阅读,也没有令阅读滞留于晦涩的表面;反之,它重新启动了阅读、书写和翻译"(LO 116)。"文本的不可读"意味着我们"不可能接受文本的正规意义(proper significance),甚至不可能找出与正规意义矛盾的内容;意义总是嫉妒地排挤文本"(B 211)。这就是阅读和书写的法则,这一点他在《法律门前》一文中已经讲得很清楚。

"正规意义"被一再推迟,但这并非是说,在未来的某些时刻一切自会最终揭晓。我们不能声称:"正规意义"仅仅被直截了当地永远延后。因为这种说法如同否认或抹除(正在发生中的)延后的破坏力、创造力和穷追不舍的陌生化力量,这些力量制造了一种"没有现在",却又属于此时此地的独异性(TS 12-13)。与其说正规意义被永远延后,倒不如说它被死亡标记,它"被延迟直到永远,直到死亡"(B 205)。换句话说,这是一种不可替代的独异:你的死亡,或我的死亡。阅读作为(延后的)一种经验"只会发生在我身上"(C 305)。

柯勒律治的《忽必烈汗》是一个取之不尽、诡秘隐密的文本,这体现在它处理自传、政治、宗教及文学等命题的手法。每次读《忽必烈汗》(有数以百计的关于这首诗的已发表的论文,更别提其他没有发表、多不胜数的解读）我们都越发觉得，我们不可能接受文本的正规意义。为什么这首诗叫《忽必烈汗》？诗是什么？什么是 132
“稀有的技巧”和“奇迹”？谁是“姑娘”？谁又是诗中的“我”？“喊叫”的又是谁？“蜜样甘露”和“天堂的琼浆仙乳”是什么？对于这些问题，我们也许不能得出令人信服、力排众议的结论，但这些问题让我们感受到何谓“秘密的绝对不可侵犯”（GT 153）。《忽必烈汗》这首诗的诡异和秘密之处，原则上是不可能得到圆满的“解释”和“解决”，也不会“被揭示”。重点是，这首诗当中有着“虚有其表”却“触不可及”的不可解读之处（unreadability）。德里达说过：“**秘密是存在的**，但它从不隐瞒”（POO 21），正如他在《赠予时间》里指出：“文本的可读性，被秘密的不可读性结构”（GT 152）。

任何文本都在证明着这种不可读的力量。照这样推演下去，文学是没有本质的：任何文本**都可以**被理解为文学。但如果文学有某种可供参照的特性，那会是前文所提到的“可能与正规意义矛盾的内容”，以及一种贯彻始终的矛盾所带来的秘密或诡异感，通过这些矛盾，“文学……变成、述说、造成与自身截然不同的异物，而这种异物只能是异物，与文学自身截然不同”（POO 33）。在德里达的论述里，一个文本是否出色，在于它有没有能力“制造意义的同时不被意义所耗尽”，也要看它有没有能力制造“不可思议的空白”或“秘密”，尤其是通过把“‘信息’（message）的普世财富（universal wealth）”连接到“终极不可读”和签署的“不可理解的独异”中。德里达关注的是一件作品（尤其是文学或哲学著作）能否成为一种“不可替代的独异”，能否将可读和不可读交织成所有人（包括读者或假定的作者）不能据为己有的一种“独异的不规矩”（singular impropriety）（参见 Bio 845）。

看上去就只是一首诗，但柯勒律治的《忽必烈汗》还是与众不同的。它独一无二。我们可能还记得德里达在《法律门前》所描述的一条阅读箴言:文本“有其自己的身份、独异性和统一性”(B 184)。正如卡夫卡的文本(Vor dem Gesetz)所显示,我们会预设《忽必烈汗》“独特且自成一格”,而且“以原创的姿态诞生于英语的世界”(B 185)。它以不可替代的独异姿态展现于人前,但这种不可替代的独异是妥协过的产物。我刚才就说过,它只不过被
133 **公认为**是一首诗歌,我也用了卡夫卡的例子去证明它可供取代。德里达在布朗肖的《我死亡瞬间》(The Instant of My Death,1994)中观察到,所谓“例子不能替代”,其背后的逻辑意味着一种困局:“这种不可替代性一定是有某种代表性的,也即是说,它可以被替代”(Dem 41)。德里达用这句话来讨论何谓“见证”,但他看法里的独异之处本身也是可以替代的:所谓见证,就是一种阅读和阅读能力,也要求我们对阅读负责任。他所讲的见证,也就是对我们在读诗时所生发之事物的描绘,例如《忽必烈汗》:一种见证的要求,一种副署(countersign)。

《忽必烈汗》作为一种“独异的不规矩”之所以如此令人难以忘怀,原因不止是因为它体现了一种“不可替代的独异”;同时,它也**触及**这种独异。它旨在展现一种只可能见证“一回”的独异“幻象”:“有一回我在幻象中见到/一个手拿德西马琴的姑娘”,这种幻象的“再度产生”明显使诗中的“我”在德里达称之为“闪烁的疯狂”里(“当心! 当心! /他飘动的头发,他闪光的眼睛!”),能够以“高朗而又长久”的“音乐”去“建造” 那(在整首诗的梦呓里)早已被唤起和建成的“阳光照临的宫廷”及“雪窟冰窖”。也就是说,所谓的源头一直被增补着。诗中的梦呓深刻表明,所谓“不可替代的独异”幻象其实也是可以替代的。那“拿德西马琴的姑娘”所带来的“幻象”只是一种回响及复制品,它早已在这首诗首次发表时的

副标题中出现过:“忽必烈汗:梦中的幻象”(参见 Wu 1998,522)。所谓“梦中的幻象”,是指诗中的“幻象”,抑或是这首诗本身?抑或两者皆然?

## 毒品

《忽必烈汗》这首诗最为人所知,甚至是最臭名昭著的一点,莫过于其与毒品的关系。这首拥有正典地位的诗作展示了诗或诗意想象跟毒品之间的关系。我本人并没有吸食鸦片的习惯,但我必须承认,多年以来,每当我在导修课上讲到这首诗的时候,总会有人兴奋若狂地提出柯勒律治写这首诗的时候在“吸食鸦片”,又认为这便是这首诗的全部关涉,那便是实际上需要言说的全部。这 134
种心理传记学形式的“论据”(当然都是些模模糊糊的猜度,其实都算不上论据)令我感到震惊。接下来我会参考德里达的作品再谈谈这些争议。

在 1816 年写给这首诗的一篇前言里,柯勒律治当然有提到他睡前服用的“止痛药”(即鸦片:参见 Wu 1998,522)为他带来“幻象”,继而写下这首诗。诗中的意象,如“蜜样甘露”和“天堂的琼浆仙乳”(ll.53-4)等都叫我们不必再怀疑,这首诗的确是有关毒品和中毒的。但什么才算是毒品呢?德里达在 1989 年一篇以英语出版的《毒品的修辞学》(RD)的精彩专访里就探讨过这个问题。在访问中,德里达正进行他一贯独异且令人振奋的“实验”去分析传统背景下的“毒品”究竟是什么,继而进行他称之为“无边无际的推而广之”(TTP 40)的程序,其过程仿若“一种旅行”,一种独异的、射幸式的书写或讲话之旅。我在本书谈及“增补”的一章里就指出过,在某种意义上说,他在作品里总是一次又一次地重复这种程序,当然方式每次也有所不同,这取决于牵涉在内的是哪个“术语”

(或“关键思想”)。他旨在干扰并使“字词和概念之间被世间认可、认证的对应关系发生变形,这种变形也发生于比喻(trope),以及人们为顾及自身利益而制定的所谓‘不变的首要意义’(亦即正规、字面上的或流行的用法)之间”(TTP 40-1)。

如果上述的变形套用在“毒品”上,我们只好认为“毒品并无‘本质’可言”(RD 229)。这句话旨在表明,**非药物也同样不存在,**什么都**可能**成为毒品。德里达这样解释:“我们总是吸取各种未分类或不能分类的药物[1]作为补充剂(supplement)。基本上每个人都有他(或她)自己的药单”(RD 245)。由此他提供了也许是他对“无边无际的推而广之”最为简明的方程式:“所有幻象式(phantasmatic)的组织,无论是个人或团体,无论当中有没有壮阳(aphrodisiac)的成分,都是由毒品或毒品的修辞所构成的”(RD 247)。他带出了语言(特别是述行性言语行为)在“毒品的概念政制”(229)中所扮演的重要角色,更举例指出了英文“上瘾”(addiction)一词中的“辞藻”(diction)(来自拉丁文 *dīcere*,意思为
135 “宣布”[declare]和“说”[say])。他特别关心文学、毒品和诗歌的关系。诗歌或小说的世界和毒品之间有着明显的共通之处,特别是当中如幻似真的感觉。德里达形容这种感觉为一种“意义(meaning)和指涉(reference)之间的悬搁关系”(TSICL 48)。

药物的世界在德里达眼中,是“虚构和模拟的世界”(RD 235-6)。(德里达、文学和“药物修辞”之间的关系可以有不同的解读,详情可参见 Ronell 1992 和 Boothroyd in Royle 2000 这两篇论著)德里达声称,“药物的问题”可以称得上是“真理的大问题”(RD 235)。我们可能还记得他在《柏拉图的药房》(参见 PP 70ff)一文中对药(*pharmakon*)(解作“药品”、“毒药”、“解药”等)作出分

---

1 “drug”的英文可解作药物或毒品。——译者注

析。他暗地里将这个词的种种不同解释相结合,以图指出对柏拉图来说,“写作不仅是一种药物,它也是一种游戏(*paideia*)。如果当中毫不顾及哲学上的真理,这只会是一场糟糕的游戏”(RD 234)。在这里问题的重点是作者的“言论自由”中是否包括“某种不负责任”,甚至是“理应如此的不负责”(TSICL 38)。德里达一贯认为,我们不能简单地和断然地把药(*pharmakon*)的毒性和疗效分开来看。正如我们(在第 7 章)对购物清单的讨论所提到,药有助记忆,也抹去记忆;写作可以是记忆或忘记的一种方式。药(*pharmakon*)意味着不可决定的感觉和价值。

写作本质上是“一种游荡”(RD 234),在某些方面来说,它总是向他者让出空间,而且受他者启发。在这层意义下,德里达探讨了所谓的“默写”的重要性:

> [默写]是一种体验他者的经验(让予他者、成为他者的猎物、准占有状态),它命令你进行某种类型的写作,甚至是所有写作,即使是最受敬仰的[他者]也不例外(各种神祇、魔鬼、缪斯、灵感等)。
>
> (RD 238)

换句话说,《忽必烈汗》里的药物问题跟写作这种体验关系密切。去纠缠柯勒律治在写诗的过程中有没有吸鸦片已经不重要,而且徒劳。但我们要承认写作和阅读中,“药物修辞”发挥着它的力量。

我们要重视的,并不只是诗中“阿比西尼亚少女”(Abyssinian 136
girl)的歌曲(这首阿比西尼亚歌曲跟尾段“吃着蜜样甘露”,“饮着天堂的琼浆仙乳”两句有着因果关系)里如何呈现欲望和上述的默写,我们也要问,这首诗本身如何指使、命令读者,甚至颁布律令,使读者对阅读产生瘾症或欲望。德里达仿佛一边偷偷注射《忽必烈汗》这支毒针，一边说："我们应该自问，上瘾这回事是否就是一种'吸收'或'吸入'，抑或是一种说话和唱歌之类的'表达'和排遣的过程呢？"(RD 245)。在此我们确实需要重新考虑我在本书开头自信地提出的说法："德里达"不是高能量饮料的名称。

## 诗性

对德里达来说，爱是毒品。解构"如果没有爱，就不可能顺利进行"('ANU' 83)；更简要地说，"解构就是爱"(参见 Royle 1995, 140)。他在刺猬般的一篇短文《何谓诗歌？》[1]里清楚指出，诗的核心是爱，或者更准确地说，"我真心爱你"。这是诗或所谓"诗性(poematic)体验"的先决条件(Che 231)。《何谓诗歌？》这篇文章只有几页长，但它也许是德里达最亮眼的文本之一。佩吉·卡穆夫指出，德里达总是"致力于取消他的**文字跟……他文字所引发的行动**之间的隔阂"(DRBB 221)，如果这个观点正确，那么《何谓诗歌？》一定是其中一篇最优雅简洁的述行之作(performative)或乖戾之作(perverformatives)(参见 E 136)。这也符合"诗歌带动读者"这种看法："诗必须简短，简略是它的天职，不论其客观或表面上的视野有多壮阔"(225)。这篇短文不仅以小见大，而且不寻常的是(以德里达的标准而言！)，在某种程度上，它试图**乖戾地演绎**(perform perversely)。每次重读，它也会产生新的且无法预料的效果。我必须指出，"你每次重读……"中的"你"，不是我本人的说法，而是取自德里达这篇以第二人称"你"(you)——或准确点说用于亲密关系的"您"(法语"*tu*")——写成的诗性文本。

---

1 德里达在文章里把诗比作刺猬。——译者注

一反常态,《何谓诗歌?》这篇文章里没有任何对其他文本或作者的细读。德里达只是对括上引号、身份不明的“心魔”(demon of the heart)提出种种惊人的观点。德里达指出,诗并没有名字,它就 137
是“这个‘心魔’(démon du coeur)”(234/5)。也许是一种(疯狂的)法语文字游戏吧,他认为恶魔(démon)是需要展示(démontrer)出来的(236/7)。德里达的文本本身就是一种“心魔”,它提出了一种逻辑:心的妖魔化、爱情的妖魔化以及“魔鬼情人”的精心杰作。“所谓诗(poetic)……就是你渴望从他者学习到的关于他者的事情,并*铭记于心*”(227)。爱上一首诗,自然会想把它放进心里,不能自拔地将它铭记于心。对此德里达提出了更为激进的说法:“我认为,诗歌不但教养心灵,它更是心的创造者”(231)。爱与诗,不可分割。

法语里,“铭记于心”就是 “*apprendre par coeur*”,当中的动词“*apprendre*”有“教导”、“听取”,以及“学习”的意思。同时德里达的文本也唤起一种“夺拿”的意味:法语“*apprendre*”好比英文动词“apprehend”(逮捕),有捉拿、掠夺的意思。用英语来讲的话,我们或许会说:“铭记于心,继而拥有”(to have by heart),通过心的记忆,去占有诗句。你最深爱的一首诗会这样说:“我就是*一次*默写的过程……把我抄写下来吧,请守护我,拥有我”(223)。换句话说,它是一种药物,一种进入你内心的异物,它要求你*带它离开*:“把每一个字母吃下去、喝下去、吞下去,随身携带,搬运到你的内里”(229)。让我成为你的蜜露。但诗从来不是用来据为己有的,它作为一种“‘心魔’,永远不会控制自己,反而迷失自己、脱离轨道(变得错乱或疯狂)”(235)。“铭记于心”是一种表达爱的方式,也是让自己曝露并受制于“某种自动机器的外在性(exteriority)”(231):所谓铭记于心,其实一直都被机械式的“死记硬背”(to learn by rote)所污染和纠缠。

读诗,就是末世欲望的一种不可能的经验。《何谓诗歌?》这篇文章有如颁布律法般地指出,我们有必要与诗歌和所有以“诗”之名所搜集来的一切决裂,而且必须“放火烧毁诗学的藏书库,它是诗歌单一化的先决条件。你必须为这场大火庆祝,纪念随之而来的失忆和野蛮”(233)。就这样,德里达描绘出一个完全陌生,具有挑衅性、个人化的诗歌观:诗歌“对所有形式的生产来说(特别是创意上的生产)都形同陌路”(233)。它相当于某种激情,一种对偶然性的忍受,一种“受伤”(233)。诗甚至不是任何传统意义下的语言问题。德里达宣称:“我们写的诗,并不能在名字甚至是文字内纹丝不动”,诗其实是一种“超越语言的东西,即使有时候,它会在语言里呼唤自身”(229)。“从今以后,你得把诗歌称作独异标记的某
138 种激情,是一个不断重复地弥漫散开的签名”(235)。借用别处的一句话,诗歌“跟一个人的关系比这人跟自己的关系更为亲密”(SM 172)。那铭记于心的欲望,并非先于“我”而存在;相反,“那个‘我’是因为这种欲望而到来的”(Che 237)。“忽必烈汗在上都曾经……”:德里达告诉你,这首诗“本身可以和任何语词联系起来”(237),例如,“上都”(Xanadu),或者是“你”。

## 礼物

《何谓诗歌?》这篇文章以一种神秘地充满断裂和省略的方式去处理“诗歌作为礼物”这个显然非常传统的观念。柯勒律治于1816年在《〈忽必烈汗〉残篇》(the Fragment of “Kubla Khan”)这篇文章的序中总结道:“笔者一直以来的目的,就是为自己造好一份一份的礼物——那些别人送给我的礼物”(Wu 1998,522)。《忽必烈汗》,不论曾经或现在,都显然是一份礼物。何谓礼物?在这本

著作里,我一直在自找麻烦(但我至少解释了为什么会这样),不断就“德里达的作品”、“德里达作品的全部”、“通常所说的德里达的作品”等作出概括性的论述,现在我有必要再次*泛泛*而谈:所有德里达的作品都可以从“礼物”这个角度去剖析。(对于这最后一句中的“礼物”,你可以用“解构”、“文本”、“增补”、“延异”、“秘密”等去取而代之。)我们可能以为,我们清楚知道何谓礼物,也试过收礼或送礼:可能是一双袜子或一束鲜花,通常包装华美,也许会同时收到贺卡。德里达非常质疑这些“成见”,甚至要为此下毒。(德里达指出“礼物”在德语里解作“毒药”,跟早前提过的药[*pharmakon*]一样,歧义甚多,可同时解作“灵符”、“解药”和“毒药”:参见 GT 12,36,54,69;PP 131-2。)德里达没完没了地怀疑礼物是否存在。说到礼物,他总是忍不住补充一句:“如果世上真有礼物”或者是“如果真有其事”(参见,例如 VR 18-19)。

精神分析对德里达这一部分的作品尤为重要。他的论述旨在让我们承认,施赠背后有着自恋的满足或无意识的满足。用德里 139
达的讲法,施赠这个“行为”变得不可能。因为施赠者所能施赠的,都只是他或她无法感知的事物(甚至在无意识的层面上也无法感知)。他在《赠予时间》一书里这样描述:

> 就礼物的界限来说,礼物作为礼物,并不应该**以礼物的形态出现,无论从受赠人或捐助人的角度来看都是如此**。除非礼物不再**在场**(present),否则礼物不可能是礼物……如果对方感知到或收到礼物,又或者,如果他或她把它看成礼物,这份礼物将会报废。但礼物的施赠人也一定不可以看到或知道这件事。否则只要开始有施赠的意图,他就已经开始为自己赚取象征式的认同,夸奖自己、承认自己、满足自己、祝贺自

> 己、象征性地为自己取回那些他以为自己施赠过或正准备施赠的价值。
>
> (GT 14)

我们还要处理另一种思考"我"或"你"的方法:在礼物出现之前,并没有所谓施赠人或受赠人,但如果有礼物这回事,那么它必定是不在场的,也不属于现在。德里达认为:"礼物(即:'某人'给了'另一个人'一些'东西')的可能性,同时也指向其不可能性"(GT 12)。如果作为不可能之物的礼物(gift)不具有冲击力,要是如有一份不可能在场的礼物(present)也不具有冲击力,那么施赠与受赠也不可能发生(参见 WB 199)。"礼物的双重束缚(或不可能):如果真的要送礼,那么礼物一定不可以用礼物的形态出现,也不可以被察觉和接收"(GT 16)。

也许有必要强调一下,德里达并不是建议我们不要再为礼物费心,也不是叫我们停止使用"礼物"[1]或"捐赠"等词汇。与此相反,他旨在对礼物(作为一种不可能的经验)予以肯定:

> 如果礼物是"不可能"的另外一个称呼,我们还是会想到它、命名它、渴望它。我们有意让它出现。**即使/正因为/在这个意义上**,我们从来没有遇到过礼物,我们从来也不认识它,亦没有去验证、体验它的在场或现象。而礼物**本身**……永远不会跟它现象的在场(the presence of its phenomenon)彼此混淆。
>
> (GT 29)

---

1 作者在这里同时用了"gift"或"present"两个词,这里指"礼物";后者也可解作"现在",而在德里达的体系里亦可解作"在场"。——译者注

为什么要写诗？写给谁看？诗又是什么？诗与礼物之间有什么关系？我们可以看看雪莱在1820年写成的一首叫《问题》的诗。这首诗写的是一束花而不是一双袜子,或者更准确地说,它写的是关 140
于一束鬼魅花束的梦,也是关于制作、赠送花束的欲望——以诗歌作为花束。诗中的叙事者想起他在梦里如何被花儿的"清香引[他]离开小路",又向读者提供了一小辑花朵大全(micro-anthology)("anthology"一词本来就解作"花的聚集",来自古希腊语"*anthos*",解作"花朵";"*logia-*"解作"聚集"),这些花都是他遇上的品种(例如"银莲花和紫罗兰"、"雏菊"、"风铃草"等)

这首诗的结尾一段把雪莱(或者称之为诗中的叙事者)和作为读者的我们送回标题("问题")所提出的问题里去:

> 我想把这幻境中的花朵采集
> 　精心挑选,精心搭配
> 扎成芳香的花束,使这司季之神的儿女
> 　色彩斑斓,交相辉映
> 一如生长在那自然的园地;
> 　手捧着它们——多么快乐！多么得意！
> 我迅速奔向原来的小路边,
> 把花束奉献！——啊！我向谁奉献？[1]
>
> (Shelly 1970,614-15)

诗题引导我们去假设:这首诗写的不仅是花束,这首诗*本身*就是一束花。若真如此,那么这首诗就是一份礼物。诗结尾的那个问题

1　中译取自:《雪莱诗选》,赵建芬等译,石家庄:花山文艺出版社,1992,226-228页。——译者注

(啊！我向谁奉献?)调动出来的,是一种体验:体验到礼物——作为一种写作和阅读经验——的不可能。在这个场景里,读者和诗人或叙事者一样都成为了幽灵:整首诗的"梦境"也是被一种"赠送/呈现"(present)的欲望,以及把花束和诗歌化为礼物的欲望所推动。但问题仍然存在:"啊！我向谁奉献?"这个问题(以及以"问题"为名的这首诗)想更进一步,但同时也先于任何一位读者出现,它依然被阅读、被赠送/呈现。这首诗的梦境能够存留下来,存留得比诗人和每一个独一无二、有名有姓(例如你或我)的收信人更为长久。在梦里,《问题》这首诗依然见证着"礼物/在场"(present)的鬼魅性;作为见证,它也许比一次梦更为有效。但也正因如此,诗和梦同时成为了一种思考"礼物"的理想比喻。如果施赠的欲望不是蕴含于诗或梦之礼物的欲望或更精确、深切地(abyssally)说(例如雪莱的《问题》和柯勒律治的《忽必烈汗》),如果不是蕴含于
141 梦中之诗的梦的欲望,也不是蕴含于梦中之诗的幻境的欲望,那它又是什么呢?

正如雪莱诗中的"我"可能永远也没有回到"原来的小路边",《忽必烈汗》里的"我"则忙于应付一种循环或交错配列法(chiasmus)[1],一种不停循环的欲望("如果我心中能再度产生")。在这两个例子里,叙事都在中途产生断裂,甚至在开头已经断裂。两首诗同样关心的是必须转化、却又不能转化成叙事的一些故事或论述。这种"双重束缚"跟德里达提到的"礼物"非常吻合。他在《赠予时间》里写道:"礼物(如果有)要求叙事的可能性,同时要排除这个可能性。没有叙事就没有礼物,但同时礼物依靠的是叙事的可

1 交错配列法是一种修辞手法,是某种颠倒顺序的对偶句,第二句往往是第一句的颠倒。最有名的例子莫过于约翰·肯尼迪的名句:"别问你们的国家能为你们做些什么,而要问你能为你们的国家做些什么。"(Ask not what your country can do for you. Ask what you can do for your country.)。——译者注

能和不可能”(GT 103)。如果要得到所谓礼物,那么我们就不可以述说一个有关礼物的故事;但同时,一些故事(不论是一首诗,或者是一篇前言)还是*必要的*——而故事必须是关于礼物的*不可能*:“把花束奉献!——啊!我向谁奉献?”

德里达就礼物所说过或写过的一切,都为我们提供了另一种方式去思考解构、延异、诗性等问题。礼物是超越理性的。德里达在《赠予时间》里写道:“即使是最卑微的礼物也用不着半点理性”(GT 77)。礼物是一种疯狂(参见 GT 35,58)。它有着“疯狂的能量”(G 243)。它必须有某种“不可估量”的特质,必须有一种“不可估量、不可预见的*例外*”状态(GT 129)。礼物与前文谈过(有关增补和承诺的章节)的过分的逻辑、奠基性的过剩(excess)或夸张有密切的关系。德里达宣称,礼物“*过于超前*,是一种*夸张的*先验性存在。节制的捐赠经验——也就是适可而止、大方得体的礼物,在先验的前设下都不能称之为礼物”(GT 38)。德里达指出,如果“自然与人工、真实和虚假、原初和衍生(或参借)”(GT 70)之间没有不确定性,那么解构这种“事件”也不复存在,“礼物”也不可能存在。在这里,我们不妨回想一下,柯勒律治谈到《忽必烈汗》这首“礼物”的“源起”时的措辞:这首诗“原本(也可以这样说吧)是送给他的”。这非常犹豫的一句“也可以这样说吧”(关于这一句我可以另文论述)怪异而执拗地悬浮在“原本”与“送给他”*之间*,同时它也凌驾于“诗作为礼物”这个想法*之上*。

在德里达的论述里,礼物在某些方面来说,可能比柯勒律治的 142
讲法更会带来冲击和干扰。礼物没有本质可言,它“超越存在(beyond being)”(SN 85)。它不是可以“送给”*某人*,也不是*某人*可以“送给”你的东西。礼物是“不能占有的”(SM 27)。有人可能以主客体关系去理解何谓礼物(“瞧,这里有份礼物,我谨此送赠给你”),但这种思考其实已经被“施”与“受”的逻辑、互换和交易的逻辑,或者是有意无意的一种奖励(或满足)机制等锁死了。礼物是疯狂的,它就是一种疯狂。迈克尔·纳斯认为礼物就像“延异”一样,它是一个名字,用来命名那些“没有适当位置的东西,它是一个可作参考的点,但并不指向任何的指涉物”(Naas 1996,83)。德里达在《丧钟》里指出,“我们一定要抛开主客之辨才可以理解‘送礼’是怎么回事”(G 243)。这刚好对应本章的题目“诗之断裂”——就是要跟(德里达在《何谓诗歌?》一文里勾勒出来的)诗歌或诗性(poematic)决裂。德里达认为“诗的礼物”涉及的是一种“没有标题”、不能(被诗人或读者)签署并据为己有的经验:它“会出其不意地发生,令你喘不过气,更会与拥有话语权及文学性的诗歌决裂”(Che 235,tr.mod.)。诗的礼物跟所有“在场”决裂,也跟所有以“何谓……”为开头(例如“何谓诗歌?”、“何谓礼物?”)的问题决裂(参见 Che 237)。

# 12

# 德里达之后

在最后一章，我会为你写一篇类似“后记”的文章。“劳特利奇批判思想家”系列的编辑在“丛书编者前言”中如此解释：“[这个系列]的每本书也都以对该思想家之影响的审视——概述他们的观念如何被其他思想家接纳和阐发——作结”(p.ix)。把标题定为“……之后”也算是这个系列的一种传统了。我尝试以最认真的态度去解答“为什么是德里达?”这个问题，但在我看来，这毕竟是可笑而荒唐的。德里达的作品之所以有趣，正是因为它质疑并改变了我们对所谓“劳特利奇批判思想家”系列背后的构造及预设的思考。他的思想与概述作者作品的文本计划(如本书已被要求的那样)是根本不相容的，这个计划以一揽子对这一作品为什么值得一读的简要解释开始，又以一揽子同样简要的考察([思想]总结和对其他思想家的影响)作结。

作为导读，本书试图突显德里达作品中的诡异质感。他的作品将我们所有熟悉的概念、结构和预设变得陌生化。我们可能以为，我们完全掌握了何谓一本书、一篇摘要或一项调查、何谓序、何谓后记、何谓一本书的开头和结尾；对此，德里达通通不能苟同。
144 他在《论文字学》里写道："书本总是被理解为一个自然的总体(totality)，但书本跟书写是两回事"(OG 18)。我试图证明，德里达眼中的"书写"——这也关系到他眼中的其他概念："踪迹"、"剩余物"、"增补"、"延异"和"文本"—— 从根本上改变了我们对思想、意识、在场、存在、人性、兽性、神性、身份、意图、决策、责任、正义、友谊、欲望、记忆、死亡和语言，以及各种论述或实践的思考。

德里达的作品在各个领域的影响依然深远，正如我在前文指出，其影响足以构成一场地震，或一连串永无休止的大地震。接下来的内容算不上什么总结，但我难免会试着去追踪和确认种种围绕着"德里达之后"这个概念的裂纹、裂缝或空隙。

作为某种开场白，我认为德里达的影响力，可以用好几个你大概会感兴趣的面向去介绍。(下面括号内的著作都可以在"进阶阅读书目"部分里，一个名为"关于德里达的专著或论著"的清单中找到，参见 pp.163-171。)德里达大地震所造成的震动和动荡可以在以下领域感受到：文学研究(参见 Clark 1992；Culler 1983；Hillis Miller，'Derrida and Literature'，in Cohen 2001)、哲学(Gasché 1986；Bennington 1993；'Deconstruction and the Philosophers' in Bennington 1994)、精神分析(Ellmann in Royle 2000；'Circanalysis' in Bennington 2000)、政治(Beardsworth 1996；Lacoue-Labarthe and Nancy 1997；Sprinker 1999；Bennington in Cohen 2001)、历史(Attridge，Bennington and Young 1987；Fenves in Cohen 2001)、宗教(Caputo 1997；de Vries 1999)、科学(Johnson 1993，1998；Plotnitsky 1994；Norris 1997)、伦理(Critchley 1999；Bennington in Royle 2000)、法律研究(Cardozo 1990，1991)、科技(Clark in Royle 2000；Stiegler in Cohen 2001)、女性主义和性别差异(Elam 1993;Holland 1997;Feder *et al*. 1997;Kamuf in Cohen 2001)、文化研究(Spivak in Royle 2000, Hall 2002)、建筑学(Papadakis, Cooke and Benjamin 1989;Wigley 1993)、大学(Rand 1992;Readings 1996;Kamuf 1997)、教育理论(Biesta and Egéa-Kuehne 2001)、"后理论"('post theory';McQuillan *et al*. 1999)、后殖民主义(Bhabha 1994;Rooney 2000;Young in Royle 2000)、言语行为理论(Butler 1997;Hillis Miller 2002)、小说写作(Cixous 1993)、灵感(Clark 1997)和畸怪('Monstrism' 2002)。

这些参考文献、人名及日期的清单可能过于简短 145
(但希望对你有帮助),可能会给你一个印象,让你以为德里达的作品(或"解构")只属于某个时空,或者以为它的影响力可以量化(并以为其程度可以用某种幻想出来的"批判思想家里克特量表"[1]来显示),以为它有一个简单易懂的"以后"(afterwards)以及相应的"后记"(afterward)。其实,我们有可能为"解构"写一篇后记吗?德里达在一篇题为"后记"的短文里如此回答:"不可以",但它是"必须的"(Aft 198-9)。这是典型的解构式回答,因为它迫使我们去处理"双重束缚",去感受不可能("不可以")但同时是必须的一切。他认为解构是"靠这种'矛盾''为生'的":"必须的都是不可能的,或那不可能的都是必须的"(Aft 200)。解构是"不可以"有后记的,德里达解释道:

> 说起解构有后记的假设,它假定了解构的话语有一个结论性的、封闭的、隔绝的总体性形式,即一本书的形式。一本大书(Book)在其后和之外所附有的刊后语或附言将加增第二

1 里克特是美国地震学家,他提出的一种震级标度(里氏震级)是目前国际通用的地震震级标准。上述"量表"是作者所作的一个比喻。——译者注

> 则“最后的话”,第二则条款。
>
> (Aft 199)

我在本书中多次证明,解构跟增补大有关系。正因如此,“解构必须有一篇它不可能有的后记”。德里达接着解释:

> 正因为解构未完成(一种并非匮乏、并非负面的未完成),它是一场“没完没了的分析”(“理论”和“实用”的分析,正如我曾经提过的[参见,例如 Pos 90])。正因为解构从来没有被锁进某个系统之内,也正因为解构针对的是系统性的总体,它每次也有稳定或饱和成一种形式化论述(例如教条、方法、可限制和正典化的语料库、可教授的知识等)的风险……[解构将是]“现在”(the present)自身之在场(the presence)或表现(the presentation)的后记。
>
> (Aft 199)

“德里达之后”。我可以想象有人会以此为题,著书立说。也许就是我?如上文所述,这里的“after”至少有三层含义:(1)时间上的之后(“较迟发生”、“紧接着”);(2)“寻找”(“我在找德里达呢,你刚才碰见他了吗?”);(3)“为纪念……”、“根
146 据……”、“同意……”或“效仿……”(例如“效仿伦勃朗”[After Rembrandt])(参见 Royle 1995,2-5)。如此一来,用现在时去理解的话,“德里达之后”的含义充满矛盾,读起来不知道是过去还是将来,或者是把过去当作将来。其实,在德里达之后,“之后”的三层意义之间已经产生断裂和隙缝,可作重新、别样地思考。就拿第(3)点来作例子吧。事实上,德里达不会简单地说“根据……”、

“同意……”、“效仿……”。增补的逻辑主导着他的作品,意思是一个作家所说的,“比他/她意图表达的,可能还要多、还要少,也许完全不同”(OG 158)。即使有时候他明确地写文章“纪念”某某思想家或作家,德里达始终增补、更改、中断或者干扰着所谓原创这个概念。德里达这种双重姿态(尊重和不敬或背叛到忠诚),在根本上与只顾模仿别人或重复别的读写行为背道而驰。德里达的作品所鼓励的,不可能是人云亦云,也并不赞同其他人对他作出“思想上”、“风格上”的模仿;他所肯定的反而是独异性,以及“对个性文体的不懈渴望”,他在不同文本里均以不同的方式,表达了这种肯定。

去思考德里达之后如何写作或阅读,是一件有挑战性和令人振奋的事情。没有其他当代的重要思想家比德里达更加谨小慎微地去质疑“以我为主”(mastery)的本质:“以我为主算不上什么东西”(MO 23),它“从来都是徒有虚名”(AFRC 78)。毫无疑问,德里达也算是“非我为主”(non-mastery)的一代大师(grandmaster)。要处理这种讽刺,我们首先必须承认,他的作品肯定“无所归属”(non-belonging)的状态。在一次访谈中,他以具有迷惑性的单纯说道:“不要把我当作‘你们的一份子’,‘我什么都不参与’”(TS 27)。德里达不是“家庭的一份子”,他说:“我不参与任何语言共同体、民族共同体、政党或任何团体、集团、哲学或文学流派”(27)。“不是家庭的一份子”首先意味着我不属于任何“大师俱乐部”,但“我不参与”同时意味着“你也别参与”:拥抱自由吧,去体验不可能,“一切开放,重新思考”(U 131)。

德里达可以令你捧腹大笑。正如我在前文所述,他 147
的作品都是非常认真的,但同时一直为某种笑声、游戏和讽刺保持开放。它质疑任何“认真地假设自己知道所有关于认真与不认真之间区别”(LI 35)的论述,就像言语行为理论家约翰·塞尔的论述。这并不意味德里达对塞尔的解读没有“非常认真”(65)。相应地,德里达(比其他许多当代哲学家和“关键”思想家更为)重视海德格尔的作品。如果说海德格尔的作品里“没有笑声”(PF 57),那么德里达的作品可能被视为一份比前者*更为*认真也*更不*认真的遗产。这份遗产一点都不简单:毕竟,“德里达之后”这个说法是对这一遗产问题的无尽召唤。但这份遗产被“某种笑声”鬼魅般地缠上了(参见 Diff 27;有关“延异”作为一个遗产的问题,参见 AIIWP 366)。德里达试图在詹姆斯·乔伊斯的《尤利西斯》(UG)里找寻这种笑声,他强调这“*依然*”是一种“肯定之笑”,一种“任何既有知识都不能使其耗灭”(UG 294-5)的“同意之笑”(yes-laughter)。在这里可提一下“德里达之后”这个说法与笑声的关系。如果读过德里达分析乔伊斯的文章,你会知道他的作品是非常搞笑的,这种幽默当然是他留给我们的遗产之一,但他的搞笑比较像一种“搞怪”(funny-strange)或“搞诡”(funny-uncanny)。这里我们可能回想起,例如他在《有限公司》里是如何以一种“奇怪、诡异的熟悉感”(LI 29),时而搞笑、时而惊人地去回应约翰·塞尔的作品。

德里达在一篇收录于《圆点……采访 1974—1994》的短文(WIP)的一个脚注中开了个玩笑。他在文中抱怨了作为编者的理查德·沃林,竟然在一本有关德里达的论文集里,未经许可地收录了一篇德里达的文章,翻译欠佳之余,连沃林对德里达作品的主题的评论也失实失责。后来这本书的修订本出版,而德里达的文章被删。再版的出版社(麻省理工学院出版社[MIT Press])在广告里更提醒读者,新的版本“已经没有德里达的访谈”。德里达在《圆点……采访 1974—1994》的脚注里写道:

148 [沃林的修订版]最有新意的一点,在我看来应是出版商

> 宣传时的真正意图。出版商再一次利用我的名字以求达到商业效果,竟向潜在读者重点指出(如果你相信这个广告的针对性)德里达那篇文章已经被删,而这竟成为了卖点!你见过这种手法吗?绝不可能。这本书之所以有商业价值及卖点,正是因为一篇不在场的“缺席文章”!真是一种播撒(disseminta-tion)!这是缺席的巨大力量啊!……我开始有这种暇想。……如果这样的推销手法流传开去……突然间所有人都引用我的名字,去推介没有收录我文章的书籍!“买吧,看吧,里面没有德里达的一字一句啊!”这样的话我可真是前程似锦了!
>
> (WIP 485)

这家出版社的广告宣传策略毫不客气地说明了“德里达”是如何广为人知,不过德里达的暇想正好是本人的恶梦:在这最后一章,我不只要向你介绍一大堆“挪用”或对德里达的思想加以发展的著作,也会谈到数以万计“德里达”(显然)不在场的书籍。

在本书一开始,我的“第一句”引用来自德里达:“警惕那看不见的引号,即使那只是个单词”(LO 76)。我曾经指出,我们要一直带着这种警惕,直到“放进引号和没有引号的论述之间的对立变得不再稳定”(SST 75);这种警惕,算是一种对德里达作品的描述。他那轶事般的遐想告诉我们,我们可能要为“不在场”打引号,也就是德里达称之为“小夹子”(SST 77)的引号,因为在德里达之后,当我们说在某个特定文本中,某个特定作者的“思想”或“影响”是在场还是不在场时,我们不再可能假定我们知道这意味着什么。让我们回想一下,延异“既非在场亦非不在场,任何本体论(ontology)都不能处理延异的操作”(OG 314)。如果德里达在《论文字学》中的“终极意图”,是要用“在场”这两个字“把人们所理解的一切神秘化”(OG 70),他同时也把人们眼中的“不在场”陌生化。

149 我在上文试图证明,增补或延异(或踪迹等)的逻辑,意味着一种“去除意义的思考”(参见 OG 93),以及没有宿主、不能追溯至某位特定思想家的各种后果。与此同时,德里达的作品引发了我们对独异(singularity)的重要性的全新理解,让我们更加尊重文本或思想家的独异性:他的解读总是带出文本或思想家中最奇怪的种种“在场”。在德里达之后,文本表达了超出作者所能想象的东西(甚至“潜意识”也想不到:德里达不是弗洛伊德,解构也不是精神分析)。在德里达之后,人们必须认真对待并非完全在文本之内,但也不完全在文本以外的“在场”。在德里达之后,文本以全新但显而易见的方式被鬼魅缠身:“文本不再是处于某种内在性或自我身份里,密封而暖适的空间”(O 36)。和其他无数对立或所谓的对立一样(同与异、生与死、声音与书写、文学与哲学、尊重与背叛等),内与外、文本与世界之间的关系也起了奇怪的变化。

德里达的作品所带来的影响,可以粗浅地概括为一种不分昼夜的“幽灵化”(spectralization)。他的作品催生出一种针对“在场”和“缺席”的新思维,令两者互相缠扰,而且有着鬼魅的影响力。(不少人因此越来越有兴趣去研究他的作品和“哥特式”的东西之间的关系,例如 Castricano 2001 和 Wolfreys 2002。)在某种意义上,这是没有重量的鬼怪东西的冲击力或影响力:德里达说过,延异“没有重量”(OG 93)。它带来的诡异影响是如此巨大,以至于一些著作以德里达的“缺席”来招徕或宣传。例如,希勒尔·施瓦茨长达 560 页的著作《复制文化:扮作相似,不合常理的仿制》(*The Culture of the Copy*:*Striking Likenesses*, *Unreasonable Facsimiles*)的索引里就有这样的条目:“德里达,雅克,在这本书里完全没有露面”(Schwartz,1996,543)。当某人不得不以这种方式提及德里达的“缺席”时,这是怎么回事?这种情况下,我们应该怎样去分析德里达的“影响”?

就以德里达的作品与电影研究之间的关系为例。安东尼·伊索普在《德里达与英国电影理论》(Derrida and British Film Theory)一文的开头引用了罗伯·拉普斯利和迈克尔·湖西的一句话作题 150
词:“在电影理论中,德里达好比一位结构性的缺席人物”(参见 Easthope 1996,184)。伊索普在文中审视了英国电影杂志《银幕》(*Screen*)在 1970 年代所发挥的重要性,特别是该杂志对路易·阿尔都塞的马克思主义和雅克·拉康的精神分析“课堂”首要且明确的关注。伊索普认为跟《银幕》关系密切的作者,如柯林·麦凯布和史蒂芬·希斯都明显注意到德里达的理论,只是没有直接加以运用。这使伊索普能够阐明他在开头所引题词的效力:“德里达的作品好比银幕以外(off-screen)的空间,成为《银幕》的一种结构性缺席”(Easthope 189)。伊索普的结论也确证了布鲁特尼和威尔斯(Brunette and Wills,1989)、拜恩和麦克奎兰(Byrne and McQuillan,1999)以及史密斯(Smith,2000)等人的论点,为思考“德里达和电影”这个论题提供了重大转变和新的组合。

在其他领域,尤其是文学和哲学,德里达长久以来的“在场”是明显不过的。对于许多人来说,德里达的作品改变了我们处理“被称为‘文学’的奇怪建制”(TSICL)以及公认为正常的“哲学”建制。但即使德里达显然无处不在,他在很多层面依然是一个幽灵般的存在。有时候他的作品*不留痕迹地*留下痕迹。希勒尔·施瓦茨在索引中骄傲地表示他没有引用德里达,但他也对此感到焦虑。更宏观地来看,大部分的所谓“分析哲学”(analytical philosophy)或“英美哲学”(Anglo-Saxon philosophy)依然继续拒绝承认德里达的存在，或假装看不见他。(《与德里达争论》[*Arguing with Derrida*]这本论文集是一个可供参考的例外：见Glendinning 2001。)推而广之，我们有必要承认，思想家可以在读者没有听过他/她或者没有读过他/她著作的情况下，对社会产生深远的影响。保罗·德曼在谈到黑格尔的"影响"时已经提过类似的观点："无论我们知情或喜欢与否，我们都是黑格尔论者，甚至是当中的正统派……很少思想家会有这么多连他著作都完全没有读过的弟子"(de Man 1996,92-3)。即使我们没有听过德里达，但正如我在本书开头所讲，我们还是活在一个德里达的时代。

151 显而易见，"德里达之后"这句话和死亡有关——雅克·德里达的死亡，也关乎到你我的死亡。"劳特利奇批判思想家"系列的构成由死亡所驱动：以"为什么是X?"开头(为什么要对这个"思想家"感兴趣? 没有他或她就不能活了吗?)，并以"X之后"作结。"德里达之后"：对，就是他，死了，埋葬了，尘埃落定，终于搞定了他，可以如常生活了。实际上他可能还没有死，但如果以"劳特利奇批判思想家"系列为例，我们很难不觉得他已经死了或他**应该死了**。在这里，再一次，我们也许要细听并细读德里达本人如何回应，在一篇谈及《哈姆雷特》的文章里他说："我们不可再相信死者已矣，不应再相信死去的人没有影响力。我们不可再假装知道'死亡'(to die)和'弥留'(dying)是什么意思。我们要讨论的是幽灵性(spectrality)"(TOJ 30)。

"德里达之后"带出了哀悼这个话题。到目前为止，我一直把"德里达的作品(work)"放在嘴边，并没有特别强调一个事实：对于德里达来说，所有的"作品"都是"哀悼的工作(work)"(参见SM 97)。在《丧钟》这本著作里他有这样的结论，这也大概是该书的中心所在："哀悼作为工作(mourning-work)不是普通工作,但它是工作的一种'本质'"(Ja 52)。他的写作在某种意义上都是一种"半哀悼"(Dia 143)。哀悼在一切名字之中:如前所述,名字承载着死亡。"德里达"即使没有"之后",也已经是一个写有死亡的名字。这样看来,"之后"(after)作为前缀词(prefix)在这方面来说,有如在伤口上洒盐(further twist of the knife),是一种"事后"的"后"。名字是致命的,所以有自己名字的人其实都活在自己"生后"。在德里达看来,这不是一种痛苦。最重要的是要把德里达眼中的欲望,跟拉康和其他精神分析所理解的欲望区别开来。欲望,在德里达看来,不是一种"损失"和"缺乏",它是一种"肯定"。因此,他宣称:"我相信欲望是一种肯定,因此哀悼本身也是一种肯定"(Dia 143)。

我们所钟爱的一切都会腐朽,但这种短暂并非偶然,并非与爱无关,反而它是爱的条件。德里达认为精神分析对哀悼的理解有其破绽,他认为弗洛伊德提出的"常态"哀悼明显过于僵化。对弗
洛伊德来说,常态的哀悼总有一天会终结,也就是说这种哀悼的工 152
作带有目的论(teleogical)的意味。正如他在《哀悼与忧郁症》(1917)中指出:"其实,当哀悼工作完结,自我(ego)就重获自由,不再受约束"(Freud 1984,253)。珍爱的事物或人物的死亡、失去或消失都令人感到痛苦,但本质上这种失去只是意外。在德里达看来,痛苦也是当然的(他在《哀悼的工作》(WoM)一书里为丧礼而写的哀悼词都是动人、难以忘怀的证明),但这是一种必要的可能性,它使认同得以运作,也构成了"我"以及爱己、爱人的条件。

他在不同场合也表示过(实际上他一直重复这句话,在他每一个字、每一句里):"我永远爱我所爱过的"(参见,例如 U 122,Dia 152)。爱,对德里达来说,是至死不分离,或者更确切地说,爱建筑在我们跟我们自己以及他人*早就已经离别*的事实之上:"我哀故我

在”(Ist 321)是他对笛卡尔“我思故我在”的重写。“我在”的前提是记忆、语言等。我和自己之间的关系,在你学会“去吧”(go)或“疯狂”(gaga)或“妈妈”(mamma)或“我”(me)这些词汇之前,已经“陷入哀悼”之中(Ist 321)。或正如他在一篇分析尼古拉斯·亚伯拉罕和玛丽亚·图洛的精神分析论文的文章里,以格言的姿态所总结的:“自我:一个墓地的守卫”(F xxxv)。

在德里达看来,所谓常态哀悼并不存在,除非我们愿意承认所谓常态是一种不可能。哀悼意味着一种双重束缚的逻辑、一种困局,因此造成“成功失败而回”和“失败获得成功”等状况(M 35)。一个人必须把亲爱的人保留于记忆之中,在记忆里保持自己的忠贞,也对爱人的记忆保持忠诚。同时,我们必须让对方继续成为自己的他者,也就是说要确保作为他者的对方不被同化或消灭。拒绝哀悼(传统的精神分析会把这种拒绝视为一种“非常态”的哀悼),对德里达来说,也是哀悼的过程里不可分割的一部分。哀悼必须是一种分裂的、一半的(semi/demi)、双重的哀悼。我在这本书中试图指出,德里达在演绎“忠诚”方面是一个伟大的思想家,这也是哀悼中的忠诚。他说:

> 忠诚的人必定哀悼。通过哀悼,逝去的他者会被内化,反
> 153 之亦然。因此,完成哀悼是不可能的,因为拒绝悼亡的意志也是忠诚的一种。如果哀悼和拒绝哀悼分别是两种不同形式的忠诚,剩下的——我称之为“半哀悼”——也就只能是介乎两者之间的一种体验。我无法完成我对所有失去之物的哀悼,因为我想保存它们,同一时间,我可以做的只是哀悼,并继续失去它,因为哀悼把它留在我的心里。
>
> (Dia 151-2)

这一切中,最关键的,是对“政治”采取的另类思考,“政治”可被理解为一种对“哀悼的时间分配和空间分配”(A 61)。(欲了解更多关于德里达和哀悼,参见,特别是 Krell 2000。)

德里达之后? 战争爆发。我一直强调,德里达的写作是战斗型的写作。他的作品总是彻头彻尾地*引起争辩*(polemical,来自古希腊语“polemos”,解作“战争”)。语言是各种纠纷、冲突和暴力的基础和媒介,而德里达对语言非常敏感。正如他在《法律之力》一文指出:“一场小小的战役(*polemos*)也会动用语言”(FL 923)。他在《他者的单语主义》里指出,如果“语言只能产生生掠夺性的疯狂或者是不涉及掠夺的妒忌”,这是因为“语言不是与生俱来的资产”(MO 24)。他又在其他文章中宣称:“在哲学家与其他人之间,一场以语言资产展开的、为了语言资产的战争正进行得如火如荼”(LMT 178)。这里的“语言”指的是所谓国族语言(national language)以及属于自己的一套语言(从拥有自己的名字开始)。在他涉及不同议题——近至文学(TWJ)远至“当今欧洲”(OH)的论文里,德里达持续关注他称之为“英美语言”的阴险势力(OH 23),这些“英美语言”计划“通过战争,用英语铲除、殖民、驯服其他语言”(TWJ 156)。你正在读的这本书以英文写成,一直在以自己的方式和英语打仗。即使是有限的形式,我写的每一页都试图在*德里达之后*为英语开拓更多的可能性。

早在 1960 年代中期,德里达从那时起就一直关注他称之为“播撒书写的有效暴力”(Pos 85),也关注解构作为“一个没有终局的战略”(Diff 7),以及延异的经济作为一种“战争经济”(war economy)(O 5)。他坚持认为“解构”并不是*中立的*,它介入”(Pos
93)。不论他是要证明“不认真”(non-serious)的价值,还是“真实 154
哀悼”(true mourning)的不可能性(M 35),抑或是不可决定那不可磨灭、挥之不去的影响力,他的作品总是处于战争状态。他在《回忆录》中写道:“在以解构主义为主题的战争中,根本看不清所谓战线,根本没有战线可言”(M 18)。

这一切都并不表示雅克·德里达的著作就应被视为好战的。相反,在德里达之后,我们需要重新思考战争的条件,以及它的本质——无论那是民族国家抑或是恋人之间的战争、反恐之战,或者是自我之战。“我们有必要就战争产生新的论述”(PS 246),他在最近一篇关于精神分析的文章中如是说。德里达质疑“暴力等同邪恶”这种论调,并把自己的文本理解为一种对“残暴不仁”的“恶质暴力”(bad violence)所作出的对抗(TS 90-2)。然而,他在访谈及其他文章里都表达出一种对“地震”(作为喻体)的着迷,这显然受到一种“地震并非暴力”的观点的影响,因为“没有暴力是自然而然发生的”(TS 92)。他眼中的延异,是一种“非暴力”,而且正是因为它“脆弱”、没有重量,所以它“非常可怕”(ATED 137)。延异,正如他在《心灵:他者的塑造》一文中指出,是“没有地位、没有法律的,它没有可以重新掠夺、程式化、被建制合法化的疆域”。这里的总结不可能,也一定不可能是一种总结。相反,它好比本书前面讨论过的“来吧”(come),将通向未来,在德里达之后:

> 延异……仍然温柔如昔,并不威迫,并不好战。但正因如此,它散发出更为危险的感觉。
>
> 仿如未来。延异只关心将临的日子:让那完完全全的他者以冒险或事件的方式来临。那个完全的他者再也不可能与上帝或本体论神学(ontotheology)以及任何形态(configuration)的喻体(figures)(主体、意识、无意识、自我、男人或女人等)混为一谈。
>
> (PIO 61)

# 进阶阅读书目



## 雅克·德里达的作品

我在上文指出，德里达是一位伟大的演说家和作家。初读德里达，最有效的方法，是先读他的访谈，同时读他的一些比较重要的文章或短文。我把本部分分为："访谈及其他德里达参与过的讨论"、"德里达的十佳论文及其他短文"、"德里达的论文选集"和"德里达著作年表（选录）"。我想强调，这个参考书目并不旨在列写出他的全部作品（要全部读完倒是会精疲力尽！）。更详尽的参考书目可参见，例如：William B. Schultz and Lewis L.B. Fried, *Jacques Derrida: An Annotated Primary and Secondary Bibliography* (Garland, 1992); Albert Leventure, 'A Jacques Derrida Bibliography 1962-90', in *Textual Practice*, 5:1 (1991); Geoffrey Bennington, 'Bibliography', in Bennington and Derrida, *Jacques Derrida* (Chicago: Chicago University Press, 1993); Martin McQuillan, 'Bibliography', in *Deconstruction: A Reader* (Edinburgh: Edinburgh University Press, 2000)；以及 Peter Krapp 的在线书目（www.hydra.umn.edu/derrida.）。

## 156 访谈及其他德里达参与过的讨论

*Positions*, trans. Alan Bass (Chicago: Chicago University Press, 1981).

《位置》。(珍贵的采访系列,收录了 1967 年、1968 年和 1971 年的访谈。对理解解构主义早期的影响以及德里达作品中的政治面向特别有帮助。)

Roundtable Discussions (1979) in *The Ear of the Other: Otobiography, Transference, Translation*, trans. Peggy Kamuf, ed. Christie V. McDonald (New York: Schocken Books, 1985).

圆桌讨论(1979),收录于《他者之耳:耳之自传、转移、翻译》。(讨论涉及一系列主题,包括名字、签署、翻译和精神分析等,很有启发性。)

'Deconstruction and the Other' (1981), interview with Richard Kearney, in Kearney's *Dialogues with Contemporary Continental Thinkers* (Manchester: Manchester University Press, 1984), 105-26.

《解构与他者》,与理查德·科尔尼做的访谈,收录于《与当代欧陆哲学家对话》。(当中对"他性"的讨论尤其浅显易懂。)

'Deconstruction in America: An Interview with Jacques Derrida', trans. James Creech, *Critical Exchange*, 17 (1985): 1-33.

《解构在美国:访谈德里达》。(不但探讨了解构与文学研究的关系,也把解构置于神学和宗教,特别是美国的语境下去探讨。)

*Points...Interviews, 1974-94*, ed. Elisabeth Weber, trans. Peggy Kamuf and others (Stanford: Stanford University Press, 1995).

《圆点……采访 1974—1994》。(角度最为开阔多元,也是当前最必不可少的采访结集。)

'This Strange Institution Called Literature' (1989), trans. Geoffrey

Bennington and Rachel Bowlby, in *Acts of Literature*, ed. Derek Attridge (London and New York: Routledge, 1992), 33-75. (London and New York: Routledge, 1992),33-75.

《被称为文学的奇怪建制》,收录于《文学的行动》。(最能够厘清德里达对文学和独异性等观点的访谈。)

'The Deconstruction of Actuality: An Interview with Jacques Derrida' (1993), trans. Jonathan Rée, in *Deconstruction: A Reader* ed. Martin McQuillan, (Edinburgh: Edinburgh University Press, 2000), 527-53. (Also published in N and TE.)

《解构现实:访谈德里达》,收录于《解构读本》。(非常有用,特别是当中对政治、幽灵、弥赛亚和电波科技等概念的讨论。)

'The Villanova Roundtable: A Conversation with Jacques Derrida' (1994), in *Deconstruction in a Nutshell*, ed. John D. Caputo (New York: Fordham University Press, 1997), 3-28.

《维拉诺瓦大学圆桌会议:对话德里达》,收录于《解构简论》。(对理解解构、宗教、正义和礼物等概念特别有帮助。)

'I Have a Taste for the Secret', Jacques Derrida in conversation with 157
Maurizio Ferraris and Giorgio Vattimo, in Derrida and Ferraris, *A Taste for the Secret*, trans. Giacomo Donis (Cambridge, England: Polity, 2001), pp. 3-92.

《我对秘密情有独钟》,一篇德里达与莫里吉奥·费拉里斯和吉奥乔·瓦蒂莫的对谈,收录于《我对秘密情有独钟》一书。(德里达在 1993—1995 年参与过的对谈,为其"关键思想"提供了出色、通俗的讲解)

*Perhaps or Maybe*, Philosophical Forum (8 March 1996): Jacques Derrida with Alexander García Düttmann. Cassette recording available from the Institute of Contemporary Arts, London. Also published in *Responsi-*

*bilities of Deconstruction*, eds Jonathon Dronsfield and Nick Midgley, *PLI*, Warwick Journal of Philosophy, vol. 6 (University of Warwick, 1997): 1-18.

《也许或可能》,1996 年举行的哲学论坛的录音带。内容刊于《华威大学哲学期刊》。

*D'ailleurs Derrida* (*Derrida Elsewhere*). A film by Safaa Fathy. Gloria Films,1999.

一部名为《别处的德里达》的电影。(大部分对白为法语,有英文字幕,在世界多地拍摄,如阿尔及利亚、西班牙、美国以及"老家"巴黎。在这部出色的电影里,你仿佛可以遇见德里达"本人",它谈到各种各样的话题,如音乐、鱼、时间、宗教、秘密和他的图书馆。)

*Negotiations*: *Interventions and Interviews, 1971—2001*, ed. and trans. Elizabeth Rottenberg (Stanford: Stanford University Press, 2002).

《交涉:介入与访谈,1971—2001》。(它的副标题已经清楚表明,收录的不仅是访问,也有"偶而为之"的短文、信件、新闻发布会里德里达的即兴发言等。这是本优秀的文集,尤其有助于思考德里达作品与道德、政治和科学等问题之间的关系。)

## 德里达的十佳论文及其他短文

下面列出了十篇我认为特别重要和易于理解的德里达短文,适合初读德里达的朋友。

'Structure, Sign, and Play in the Discourse of the Human Sciences' (1966), in *Writing and Difference*, trans. Alan Bass (London: Routledge and Kegan Paul, 1978), 278-93.

《人文科学论述中的结构、符号与游戏》,收录于《书写与差异》。

' "...That Dangerous Supplement..." ' (1967), in *Of Grammatology*, trans. Gayatri Chakravorty Spivak (Baltimore: Johns Hopkins University

Press, 1976), 141-64. (Also published in Derek Attridge's anthology, AL.)

《"……那危险的增补……"》,收录于《论文字学》。

'Différance' (1968), in *Margins of Philosophy*, trans. Alan Bass (Chi- 158
cago: Chicago University Press, 1982), 1-27. (Extracts also published in Peggy Kamuf's anthology, DRBB.)

《延异》,收录于《哲学的边缘》。

'Plato's Pharmacy' (1968), in *Dissemination*, trans. Barbara Johnson (Chicago: Chicago University Press, 1981), 63-171. (Extracts also published in Peggy Kamuf's anthology, DRBB.)

《柏拉图的药房》,收录于《播撒》。

'Signature Event Context' (1971), trans. Samuel Weber and Jeffrey Mehlman, in *Limited Inc* (Evanston, Illinois: Northwestern University Press, 1988), 1-23. (Also published in Peggy Kamuf's anthology, DRBB.)

《签名事件语境》,收录于《有限公司》。

'The Time of a Thesis: Punctuations' (1980), in *Philosophy in France Today*, ed. Alan Montefiore (Cambridge: Cambridge University Press, 1983), 34-50.

《论文时间:标点》,收录于《当代法国哲学》。(这是德里达 1980 年的论文答辩文稿,它为德里达于 1960 年代初至 1970 年代在文学和哲学上的关注点,提供了最简洁和最有用的总结。)

'Before the Law' (1982), trans. Avital Ronell and Christine Roulston, in *Acts of Literature*, ed. Derek Attridge (London and New York: Routledge, 1992), 181-220.

《法律门前》,收录于《文学的行动》。

'Letter to a Japanese Friend' (1983), in *Derrida and Differance*, eds.

Robert Bernasconi and David Wood (Warwick: Parousia Press, 1985), 1-8. (Also published in Peggy Kamuf's anthology, DRBB.)

《给一位日本朋友的信》,收录于《德里达与延异》。(篇幅不大但发人深省的一篇文本,当中德里达谈到"解构"一词翻译成日文一事,以及解构和翻译之间的关系。)

'Some Statements and Truisms about Neo-Logisms, Newisms, Postisms, Parasitisms, and Other Small Seismisms' (1987), trans. Anne Tomiche, in *The States of 'Theory': History, Art and Critical Discourse*, ed.David Carroll (New York: Columbia University Press, 1990), 63-95.

《有关造字主义、新主义、后主义、寄生主义及其他小小震波主义的一些陈述和老生常谈》,收录于《"理论"的现状:历史、艺术及批判论述》。(有助于理解历史这个问题跟德里达的作品之间的关系。)

'Afterword: Toward an Ethic of Discussion' (1988), trans. Samuel Weber, in *Limited Inc* (Evanston, Illinois: Northwestern University Press, 1988), 111-60.

《后记:迈向一种讨论的伦理》,收录于《有限公司》。(德里达回头细看《签名事件语境》这篇文章及它造成的影响,更详尽的资
159 料参见 LI。这篇文章清楚明白地讨论了"不可决定性"、伦理、小说和"现实世界"等议题。)

### 德里达的论文选集

Anidjar, Gil, ed. *Acts of Religion* (London and New York: Routledge, 2002).

《宗教的行动》。(非常有价值的文集,体现了德里达对宗教问题的长期关注。)

Attridge, Derek, ed. *Acts of Literature* (London and New York:

Routledge, 1992).

《文学的行动》。(出色的文集,适合有兴趣从文学的角度理解德里达的朋友。作者在每篇论文开头都提供了有用的批注。)

Kamuf, Peggy, ed. *A Derrida Reader*: *Between the Blinds* (London and New York: Harvester Wheatsheaf, 1991).

《德里达读本:帘隙之间》。(精心挑选的结集,每篇文章前面都有极好的介绍和批注。)

McQuillan, Martin, ed. *Deconstruction*: *A Reader* (Edinburgh: Edinburgh University Press, 2000).

《解构读本》。(很有价值的结集,收录了德里达和其他当代重要思想家的文章,以及较早期作者,包括马克思、弗洛伊德、本雅明和海德格尔的文章。)

Wolfreys, Julian, *The Derrida Reader*: *Writing Performances* (Edinburgh: Edinburgh University Press, 1998).

《德里达读本:书写表演》。(非常有用的文集,收录了好些没有结集成书的重要论文,例如《涂写(书写的力量)》[Scribble (writing power)]、《隐喻的退却》[The *Retrait* of Metaphor],以及《经济模仿》[Economimesis]。)

## 德里达著作年表(选录)

下面列出的是德里达的作品在法国的出版年表,都是德里达最知名和最具影响力的书籍。括号内的缩写以英文版为依据:参见本书"书(篇)名缩写"。

160 *1962*

*L' origine de la géométrie, de Husserl: Introduction et traduction/ Edmund*

*Husserl's 'Origin of Geometry': An Introduction* (OGI).

*1967*

*L' écriture et la différence/Writing and Difference* (WD).

*La voix et le phénomène/Speech and Phenomena* (SP).

*De la grammatologie/Of Grammatology* (OG).

*1972*

*La dissémination/Dissemination* (D).

*Marges-de la philosophie/Margins of Philosophy* (MP).

*Positions/Positions* (Pos).

*1973*

*L' archéologie du frivole/The Archeology of the Frivolous* (AFRC).

*1974*

*Glas/Glas* (G).

*1978*

*Éperons. Les styles de Nietzsche/Spurs: Nietzsche's Styles* (Sp).

*La vérité en peinture/The Truth in Painting* (TP).

*1980*

*La carte postale, de Socrate à Freud et au-delà/The Post Card: From Socrates to Freud and Beyond* (PC).

*1983*

*Signsponge/Signéponge* (S).

*1987*

*De l' esprit: Heidegger et la question/Of Spirit: Heidegger and the Question*(*OS*).

*1988* 161

*Mémoires, Pour Paul de Man/Mémoires: for Paul de Man* (M).

*1990*

*Mémoires d'aveugle, L'autoportrait et autres ruines/Memoirs of the Blind: The Self-Portrait and Other Ruins* (MB).

*Du droit à la philosophie/*(the first half published in English as *Who's Afraid of Philosophy*) (WAP).

*1991*

*L'autre cap/The Other Heading* (OH).

'Circonfession' in *Jacques Derrida*, Jacques Derrida et Geoffrey Bennington/'Circumfession'(C).

*Donner le temps, 1.* La fausse monnaie/*Given Time: 1. Counterfeit Money* (GT).

*1992*

Points de suspension/Points...(P).

*1993*

*Sauf le nom/*'Sauf le nom'(in ON).

*Passions/*'Passions'(in ON).

*Khōra/*'Khōra'(in ON).

*Spectres de Marx/Specters of Marx* (SM).

*1994*

*Politiques de l'amitié/Politics of Friendship* (PF).

*1995*

*Mal d'archive/Archive Fever* (AF).

*1996*

*Apories/Aporias* (A).

*Le monolinguisme de l'autre/Monolingualism of the Other* (MO). 162

*Résistances-de la psychanalyse/Resistances of Psychoanalysis* (RP).

*1997*

*Adieu à Emmanuel Lévinas/Adieu to Emmanuel Levinas* (Ad).

*De l'hospitalité/Of Hospitality* (Hos).

*1998*

*Demeure, Maurice Blanchot* (Dem).

*1999*

*Donner la mort* (revised edition)/*The Gift of Death* (GD).

'L'animal que donc je suis' (in *L'animal autobiographique: Autour de Jacques Derrida*) (ATA).

*2000*

*Le toucher, Jean-Luc Nancy.*

*2001*

*De quoi demain... Dialogue* (with Elisabeth Roudinesco).

*Papier Machine.*

*2002*

*Artaud le Moma: Interjections d'appel.*

*Fichus: Discours de Francfort.*

*H.C. pour la vie, c'est à dire...*

*2003*

*Voyous.*

## 163 关于德里达的专著或作品

同样地，这个清单理所当然地经过本人精挑细选。以下是我认为最有帮助和最有启发性的有关德里达的论著。

Attridge, Derek, Geoffrey Bennington and Robert Young, eds. *Post-Structuralism and the Question of History*. Cambridge: Cambridge University Press, 1987.

《后结构主义及历史问题》。（大胆尖锐的重要论文集，关于德里达作品对我们思考历史和史学工作的影响。）

Beardsworth, Richard. *Derrida and the Political*. London and New York:

Routledge, 1996.

《德里达与政治性》。(艰深但尖锐的重要论著,涉及德里达作品的政治面向,特别是"困局"和"承诺"等概念。)

Bennington, Geoffrey. 'Derridabase', in *Jacques Derrida*. (With Jacques Derrida.) London and Chicago: Chicago University Press, 1993.

《德里达资料库》,收录于《雅克 · 德里达》。(也许是最出色的德里达解读,但颇具挑战性,而且大量参照和引用其他哲学思想家,未必适合文学研究生。)

Bennington, Geoffrey. *Legislations: The Politics of Deconstruction*. London and New York: Verso, 1994.

《立法:解构的政治》。(也是一本"程度艰深"的著作:收录了不少佳作,包括《解构和哲学家(正是这种想法)》['Deconstruction and the Philosophers(The Very Idea)']。不过并非所有论文都集中讨论德里达的作品,虽然大都渗透着德里达的的影响。)

Bennington, Geoffrey. *Interrupting Derrida*. London and New York: Routledge, 2000.

《干扰德里达》。(优秀但门槛极高的一系列文章,旨在"干扰德里达",当中的干扰有两层意义:(1)德里达是一位伟大的干扰者,(2)德里达的文本鼓吹干扰性的解读。其中收录的作品包括《德里达与政治》[Derrida and politics],《德里达与伦理》[Derrida and ethics],以及《事物本身》[Circanalaysis]等文章。)

Bhabha, Homi K. *The Location of Culture*. London and New York: Routledge, 1994.

《文化的定位》。(行文密实、难读,却是影响巨大的后殖民主义作品,处处有着德里达的影响,特别是其中有关差异、双重化[doubling]和拟仿[micmicry]等概念。)

164 Biesta, Gert J. J. and Denise Egéa-Kuehne, eds. *Derrida & Education*. London and New York: Routledge, 2001.

《德里达与教育》。（很有用的论文集，涉及教育的伦理、正义、责任等问题。）

Brannigan, John, Ruth Robbins and Julian Wolfreys, eds. *Applying: to Derrida*. London: Macmillan, 1996.

《应用：致德里达》。（用不同题目去写德里达，例如电视、电影研究等，相当不俗，附上一篇富有娱乐性的德里达访谈。）

Butler, Judith. *Excitable Speech: A Politics of the Performative*. London and New York: Routledge, 1997.

《激动的话语：表演政治学》。（复杂而不乏洞见，有关语言行动的解构主义论述，涉及的问题包括种族主义、同性恋、军事问题及审查制度等。）

Byrne, Eleanor and Martin McQuillan. *Deconstructing Disney*. London: Pluto, 1999.

《解构迪士尼》。（以迪士尼动画，如《美人鱼》(1989)、《美女与野兽》(1991)、《狮子王》(1994)、《钟楼怪人》(1996)等为分析对象的精辟论述，非常富有娱乐性。）

Caputo, John D. *The Prayers and Tears of Jacques Derrida: Religion without Religion*. Bloomington: Indiana University Press, 1997.

《德里达的祷告和眼泪：去宗教化的宗教》。（探讨德里达作品为宗教带来的挑战，非常有用。）

*Cardozo Law Review*, special issue ('Deconstruction and the Possibility of Justice'), vol. 11 (1990), and vol. 13 (1991).

（这两期法律期刊收录了一系列有关解构、法律、正义等的精彩论文，很有价值。1990 年那一期的内容也收录于《解构与正义的可能性》[*Deconstruction and the Possibility of Justice*, eds Drucilla Cornell, Michel Rosenfeld and David Gray Carlson ( London and New York: Routledge,1992) ]。)

Castricano, Jodey. *Cryptomimesis: The Gothic and Jacques Derrida's Ghost Writing*. Montreal: McGill-Queen's University Press, 2001.

《加密的模仿论:哥特式与德里达鬼魅书写》。(受德里达有关文学与精神分析的文章影响,以埃德加·爱伦·坡、布拉姆·史杜克[Bram Stoker]和斯蒂芬·金[Stephen King]等作家为分析对象的有趣研究。)

Cixous, Hélène. *Three Steps on the Ladder of Writing* trans. Sarah Cornell and Susan Sellers. New York: Columbia University Press, 1993.

《书写阶梯的三步曲》。(虽然集中讨论的是卡夫卡、克拉丽
斯·利斯佩克托[Clarice Lispector]和让·热内[Jean Genet]的小说 165
作品,但也不失为一部富有激情的解构作品。如果想了解德里达与本书作者埃莱娜·西苏之间深刻、却不常受论者注意的关系,可参见德里达的文章《自己的蚕虫》[SOO]和西苏的《什么几点钟?》[What is it o'clock?,in Cixous 1998]。)

Cixous, Hélène. *Stigmata: Escaping Texts*. London and New York: Routledge, 1998.

《圣痕:流逝的文本》。(一系列令人神迷的解构论文,其中一篇讨论德里达、题为《什么几点钟》或《那道(我们从来不进入的)门》[The door (we never enter)]尤为精彩。)

Clark, Timothy. *Derrida, Heidegger, Blanchot: Sources of Derrida's Notion and Practice of Literature*. Cambridge: Cambridge University Press, 1992.

《德里达,海德格尔,布朗肖:德里达眼中的文学实践及其源

头》。(和本宁顿一样,克拉克经常提到其他哲学文本,所以难免对英文系的学生造成困难。但对资历较深的读者来说,这本书写得非常敏锐而清楚。导论和第一章尤为有用。)

Clark, Timothy. *The Theory of Inspiration*: *Composition as a Crisis of Subjectivity in Romantic and Post-Romantic Writing*. Manchester and New York: Manchester University Press, 1997.

《灵感理论:浪漫主义和后浪漫主义写作中的主体危机》。(有关灵感来源的理论,与德里达的作品产生对话,很有说服力。其中一章谈到诗歌及德里达的文章《何谓诗歌?》[Che],尤为出色。)

Cohen, Tom, ed. *Jacques Derrida and the Humanities*: *A Critical Reader*. Cambridge: Cambridge University Press, 2001.

《德里达与人文学:批判读本》。(出色的论文集,涉及多个学科及题目。包括德里达写的《专业的未来,或无条件的大学》[The future of the profession or the university without condition,这篇也可在WA 中找到]、杰弗里·本宁顿的《德里达与政治》、彼得·凡符的《德里达与历史》[Derrida and history]、佩吉·卡穆夫的《德里达与性别》[Derrida and gender]、伯纳德·斯蒂格勒的《德里达与科技》[Derrida and technology],以及对学文学的人特别有用的 J.希利斯·米勒的《德里达与文学》[Derrida and literature]。)

Critchley, Simon. *The Ethics of Deconstruction*: *Derrida and Levinas* 2nd edn. Oxford, UK and Cambridge, US: Blackwell, 1999.

《解构的伦理:德里达和列维纳斯》。(对解构与伦理的多重面向的细致论述。于 1992 年首版,现更新并扩充了内容。)

Culler, Jonathan. *On Deconstruction*: *Theory and Criticism after Structuralism*. London: Routledge and Kegan Paul, 1983.

《论解构:结构主义之后的理论与批评》。(最易进入的德里达

导读,因为它跟本宁顿[Bennington, 1993]的方向相反,以文学学生 166
为对象,也没有过量的哲学讨论。)

de Man, Paul. *The Resistance to Theory*. Minneapolis: University of Minnesota Press, 1986.

《抵抗理论》。(这本集子令人真正感受到德曼作品中强大的解构力量。首先要留意的两篇论文包括《抵抗理论》以及短小精悍的《重回文献学》[The Return to Philology]。)

de Vries, Hent. *Philosophy and the Turn to Religion*. Baltimore: Johns Hopkins University Press, 1999.

《哲学及宗教转向》。(艰深但出色地讨论德里达作品对不同宗教的影响及启示。)

Düttmann, Alexander García. *At Odds with AIDS: Thinking and Talking About a Virus* trans. Peter Gilgen and Conrad Scott-Curtis. Stanford: Stanford University Press, 1996.

《与艾滋病分道扬镳:关于一种病毒的思考和讨论》。(用解构的态度去看艾滋病,以及身份、差异、死亡和传染病等,论述令人震憾。)

Elam, Diane. *Feminism and Deconstruction: Ms. en Abyme*. London and New York: Routledge, 1993.

《女性主义与解构主义:嵌套结构》。(指出解构主义和女性主义如何相互启示,重要而引人入胜的作品。)

Feder, Ellen K., Mary C. Rawlinson and Emily Zakin, eds. *Derrida and Feminism: Recasting the Question of Woman*. London and New York: Routledge, 1997.

《德里达与女性主义:重塑女性问题》。(发人深省的文集,重点处理的课题包括真理、生育、安乐死、无数之物[the inumerable]

以及雄性的象征界域[the masculine symbolic]。)

Gasché, Rodolphe. *The Tain of the Mirror*: *Derrida and the Philosophy of Reflection*. Cambridge, MA: Harvard University Press, 1986.

《镜背的锡箔纸:德里达与哲学的反省》。(犀利而毫不妥协地用"哲学"角度去论述德里达。最重要的是,它尝试修正风靡于1980年代[特别是在美国]愚昧不堪的"文学解构主义"。)

Gasché, Rodolphe. *Inventions of Difference*: *On Jacques Derrida*. Cambridge, MA: Harvard University Press, 1994.

《差异的创造:论德里达》。(难读却无比精彩的一系列文章,都是有关德里达的论文和解读,涉及理性、上帝和"认同"[yes]等
167 问题。收录了作者的突破性论文:《解构作为批评》[Deconstruction as Criticism, 1979]。)

Hall, Gary. *Culture in Bits*: *The Monstrous Future of Theory*. New York: Continuum Books, 2002.

《文化杂碎:理论的畸怪未来》。(有关文化与文化研究的解构论述。行文生动,富有娱乐性,见解独到。)

Hobson, Marian. *Jacques Derrida*: *Opening Lines*. London and New York: Routledge, 1998.

《雅克·德里达:开辟路径》。(引用和参照的文献侧重于哲学而不是文学,论述密实、门槛亦高,适合想深入了解的读者。这是一本重要、内容丰富的著作,开辟了思考德里达的新"路径",思考"书写"的未来可能。)

Holland, Nancy J., ed. *Feminist Interpretations of Jacques Derrida*. University Park, Pennsylvania: Pennsylvania University Press, 1997.

《德里达:女性主义诠释》。(非常有用的文集,收录了加亚特里·查克拉瓦蒂·斯皮瓦克的《移位与女性论述》[Displacement and the Discourse of Woman]和佩吉·卡穆夫的《解构主义与女性主义:一种重复》[Deconstruction and Feminism: A Repetition]。)

Johnson, Christopher. *System and Writing in the Philosophy of Jacques Derrida*. Cambridge: Cambridge University Press, 1993.

《德里达哲学中的系统和书写》。(清楚明白、引人入胜,详细而有效地阐述德里达对书写的新"构想"。也收录了一篇宝贵的论文,论及德里达作品与进化论及"生命"科学的关系。)

Johnson, Christopher. 'Derrida and Science', *Revue Internationale de Philosophie*, vol. 52, no. 205 (1998): 477-93.

《德里达与科学》。(清楚、有用的论述,探讨德里达作品与信息理论、遗传学及其他当代科学的关系。)

Kamuf, Peggy. *The Division of Literature, or, The University in Deconstruction*.Chicago: Chicago University Press, 1997.

《文学部门,或解构中的大学》。(重要的作品,有关解构、文学以及大学作为建制之间的关系。)

Krell, David Farrell. *The Purest of Bastards: Works of Mourning, Art, and Affirmation in the Thought of Jacques Derrida*. University Park, Pennsylvania: Pennsylvania State University Press, 2000.

《最纯洁的杂种:德里达思想中的哀悼、艺术和主张》。(清楚而多角度地探讨了德里达作品中的"哀悼"概念。顺带一提,书名是德里达的自我描述,取自他其中一篇《送出》[E]。)

Lacoue-Labarthe, Philippe and Jean-Luc Nancy. *Retreating the Political* 168
ed. Simon Sparks. London and New York: Routledge, 1997.

《退守政治》。(重要的文集,探讨德里达作品如何影响政治及政治思想,包括了1980年在巴黎成立的哲学研究中心的政治研究成果。法文版发表于1979—1983年。)

Llewelyn, John. *Derrida on the Threshold of Sense*. Basingstoke：Macmillan,1986.

《德里达:论意义的门槛》。(篇幅不长,精细而诙谐,对德里达的评价时有洞见。)

McQuillan, Martin, Graeme Macdonald, Robin Purves and Stephen Thomson, eds. *Post-Theory：New Directions in Criticism*. Edinburgh：Edinburgh University Press, 1999.

《后理论:批评的新方向》。(这本论文集关注的是编者称之为"后理论"的状态,当中涉及精神分析、文学、地理、马克思主义、酷儿理论等。)

Miller, J. Hillis. *Speech Acts in Literature*. Stanford：Stanford University Press, 2001.

《文学中的言语行动》。(论述清晰,非常引人入胜,特别是与德里达作品有关的部分。)

*Monstrism. Oxford Literary Review*, vol. 23, 2002.

《畸怪主义:牛津文学评论》。(一系列以德里达"畸怪"及"畸怪性"[monstrosity]等概念为分析对象的论文集,收录了安德鲁·班尼特[Andrew Bennett]、杰弗里·本宁顿、蒂莫西·克拉克、佩吉·卡穆夫、卡罗琳·鲁尼和本人的实验性文章。)

Norris, Christopher. 1997. *Against Relativism：Philosophy of Science, Deconstruction and Critical Theory*. Cambridge, MA and Oxford：Blackwell.

《抵抗相对主义:科学哲学,解构和批判理论》。(有助于我们思考一些更为"科学"的问题,以及德里达作品在这方面有何启示。)

Papadakis, Andreas, Catherine Cooke and Andrew Benjamin, eds, 1989. *Deconstruction：Omnibus Volume*. London：Academy Editions.

《解构:合订本》。(引人注目、极不寻常的一本书,适合边看边喝咖啡,其中包括了德里达《作为前言的五十二句格言》[Fifty-Two Aphorisms for a Foreword]以及一系列配以精美插图、以"解构主义与建筑"为题的文章。)

Plotnitsky, Arkady. 1994. *Complementarity: Anti-Epistemology after Bohr and Derrida*. Durham (North Carolina) and London: Duke University Press.

《互补性:玻尔和德里达之后的反认识论》。(行文密实,但非常重要的一本书,探索解构和尼尔斯·玻尔的量子物理学理论之间的关系。)

Rand, Richard, ed. *Logomachia: The Conflict of the Faculties*. Lincoln, 169
Nebraska, and London: University of Nebraska Press, 1992.

《字义之战:学院之间的冲突》。(很好的论文集,探讨解构如何对作为建制的大学产生影响及有何意义,也收录了德里达的《莫彻雷斯》[Mochlos]和《正典和转喻:与雅克·德里达访谈》[Canons and Metonymies: An Interview with Jacques Derrida]。)

Rapaport, Herman. *Heidegger and Derrida: Reflections on Time and Language*. Lincoln, Nebraska, and London: University of Nebraska Press, 1989.

《海德格尔和德里达:反思时间和语言》。(有关海德格尔和德里达的宝贵论述,重点讨论幽灵和末日等议题。)

Rapaport, Herman. *Later Derrida: Reading the Recent Work*. London and New York: Routledge, 2003.

《后期的德里达:论近期新作》。(发人深省,研究翔实的作品,重点讨论文化研究、创伤、后殖民主义、档案和存在主义等议题。)

Readings, Bill. *The University in Ruins*. Cambridge, MA: Harvard University Press, 1996.

《废墟中的大学》。（一部非常出色、富有争议性的解构当代、特别是英美地区的大学体制的作品。）

Ronell, Avital. *Crack Wars*: *Literature*, *Addiction*, *Mania*. Lincoln, Nebraska, and London: University of Nebraska Press, 1992.

《破解大战:文学,上瘾,疯狂》。（解构毒品。风格和概念上和德里达的作品挂钩,重点——听起来有点不可思议——讨论福楼拜的伟大小说《包法利夫人》。）

Rooney, Caroline. *African Literature, Animism and Politics*. London and New York: Routledge, 2000.

《非洲文学,万物有灵论和政治学》。（以解构主义阐述欧洲哲学和非洲文学之间的关系,引人入胜。）

Royle, Nicholas. *After Derrida*. Manchester: Manchester University Press, 1995.

《德里达之后》。（探讨解构与不同主题和学科之间的关系,例如历史、文学、精神分析、哲学、视觉艺术和作为建制的大学等。）

Royle, Nicholas, ed. *Deconstructions*: *A User's Guide*. Basingstoke and New York: Palgrave, 2000.

《解构:用户指南》。（收录了多位作者的文章,适合读者作更
170 深入的了解。文章内容包括杰弗里·本宁顿谈“伦理”;戴维·布思罗伊德谈“毒品”;蒂莫西·克拉克谈“科技”;雅克·德里达的《诸如此类……》[Etc.];莫德·埃尔曼谈“精神分析”;罗伯特·史密斯谈“电影”;斯皮瓦克谈“文化研究”以及罗伯特·J.C.杨谈“殖民主义”。）

Royle, Nicholas. *The Uncanny*. Manchester and New York: Manchester University Press/Routledge, 2003.

《诡异》。(一系列有关精神分析、文学和电影的论文和短文,主要探讨弗洛伊德和德里达的作品。)

Smith, Robert. *Derrida and Autobiography*. Cambridge: Cambridge University Press, 1995.

《德里达和自传》。(行文密实,不容易读,但在德里达与自传这个议题上,见解可谓精辟独到。)

Smith, Joseph H. and William Kerrigan, eds. *Taking Chances: Derrida, Psychoanalysis, and Literature*. Baltimore and London: Johns Hopkins University Press, 1984.

《放手一搏:德里达、精神分析和文学》。(收录了不少引人入胜、资料详尽的文章,包括德里达一篇探讨"偶然"佳作:《我的机会》[MC])。

Sprinker, Michael, ed. *Ghostly Demarcations: A Symposium on Jacques Derrida's Specters of Marx*. London: Verso, 1999.

《幽灵界线:〈马克思的幽灵〉研讨会》。(收录了不少严谨、有启发性却也偶有失误的文章,都是对德里达在 1993 年发表的《马克思的幽灵》所作的回应,同时刊出德里达对此的回应,题为"马克思与儿子"[Marx & Sons],展现德里达一贯的细致和耐性。)

Staten, Henry. *Wittgenstein and Derrida*. Lincoln and London: University of Nebraska Press, 1984.

《维特根斯坦和德里达》。(条理清楚、刺激思考,本书特别注重现象学和言语行为理论,并强调了维特根斯坦著作中的解构特性。)

Weber, Samuel. *Institution and Interpretation*. Minneapolis: University of Minnesota Press, 1987.

《建制与诠释》。(一系列精彩的文章,一些部分没有明显讨论到德里达,但所有文章都尖锐地展现了德里达作品的重要意义和影响。特别推荐《与德里达一起读和写》[Reading and Writing-*Chez* Derrida]和《解构的债，及其他假设》[The Debts of Deconstruction and Other, Related Assumptions]两篇佳作。）

171 Wigley, Mark. *The Architecture of Deconstruction*: *Derrida's Haunt*. Cambridge, Mass.: MIT Press, 1993.

《解构主义建筑：德里达的鬼影》。（行文密实，探讨德里达作品中，有关建筑、空间和家庭的部分，论点发人深省。）

Wolfreys, Julian. *Victorian Hauntings*: *Spectrality*, *Gothic*, *the Uncanny and Literature*. Basingstoke: Palgrave, 2002.

《维多利亚时代的鬼魅：幽灵、哥特式、诡异和文学》。（借德里达对鬼魂和幽灵的视角，重点研究查尔斯·狄更斯、阿尔弗雷德·丁尼生[Alfred Tennyson]、乔治·艾略特[George Eliot]和托马斯·哈代等人的作品。）

Wood, David, ed. *Derrida*: *A Critical Reader*. Oxford and Cambridge, MA: Blackwell, 1992.

《德里达：批判读本》。（有用且题材多样的论文集，收录的作品包括德里达的论文《激情："间接的献礼"》。）

# 参考文献

Arac, Jonathan, Wlad Godzich and Wallace Martin, eds (1983) *The Yale Critics: Deconstruction in America* (Minneapolis: University of Minnesota Press).

Austin, J. L. (1975 [1962]) *How To Do Things With Words: The William James Lectures Delivered at Harvard University in 1955*, 2nd edn, eds J.O. Urmson and Marina Sbisà (Oxford and New York: Oxford University Press).

Barthes, Roland (1977) 'The Death of the Author', in *Image Music Text*, trans. Stephen Heath (London: Fontana).

Beardsworth, Richard (1996) *Derrida and the Political* (London and New York: Routledge).

Bennington, Geoffrey (2000) 'Deconstruction is Not What You Think', in *Deconstruction: A Reader*, ed. Martin McQuillan (Edinburgh: Edinburgh University Press), 217-19.

—— (2001) 'Derrida and Politics', in *Jacques Derrida and the Humanities: A Critical Reader*, ed. Tom Cohen (Cambridge: Cambridge University Press), 193-212.

Bersani, Leo (1995) *Homos* (London and Cambridge, MA: Harvard University Press).

Blair, Tony (2001) Speech at the Labour Party Conference, Brighton, in *The Guardian*, 3 October, 4-5.

Blanchot, Maurice (1999) 'The Narrative Voice (the "he", the neuter)' [1968], in *The Station Hill Blanchot Reader: Fiction and Literary Essays*, trans. Lydia Davis *et al*. (Barrytown, New York: Station Hill), 459-69.

Bloom, Harold (1994) *The Western Canon: The Books and School of the Ages* (New York: Harcourt Brace).

Bowen, Elizabeth (1962) *The Death of the Heart* [1938] (Harmondsworth: Penguin).

Brontë, Emily (1990) *Wuthering Heights* [1847], 3rd edn, eds William M. Sale Jr and Richard J. Dunn (New York: Norton).

Brunette, Peter and David Wills (1989) *Screen/Play: Derrida and Film Theory* (Princeton, NJ: Princeton University Press).

Byrne, Eleanor and Martin McQuillan (1999) *Deconstructing Disney* (London: Pluto).

Davis, Robert Con and Ronald Schleifer, eds (1985) *Rhetoric and Form: Deconstruction at Yale* (Norman, Oklahoma: University of Oklahoma Press).

de Man, Paul (1983) *Blindness and Insight: Essays in the Rhetoric of Contemporary Criticism*, 2nd edn (originally published 1971) (London: Methuen).

——(1989) 'Introduction to the Poetry of John Keats', in *Critical Writings 1953—1978*, ed. Lindsay Waters (Minneapolis: University of Minnesota Press), 179-97.

——(1996) 'Sign and Symbol in Hegel's *Aesthetics*', in *Aesthetic Ideology*, ed. Andrzej Warminski (Minneapolis: University of Minnesota Press),91-104.

Easthope, Antony (1996) 'Derrida and British Film Theory', in *Applying: to Derrida*, eds John Brannigan, Ruth Robbins and Julian Wolfreys (London: Macmillan), 184-94.

Forster, E. M. (1976) *Aspects of the Novel* [1927], ed. Oliver Stallybrass (Harmondsworth: Penguin).

——(1979) *A Passage to India* [1924], ed. Oliver Stallybrass (Harmondsworth: Penguin).

Fowles, John (1999) 'Hardy and the Hag' [1977], in *Wormholes: Essays and Occasional Writings*, ed. Jan Relf (London: Vintage), 159-77.

Freud, Sigmund (1984) 'Mourning and Melancholia', *Pelican Freud Library*, vol. 11, trans. James Strachey, ed. Angela Richards (Harmondsworth: Penguin).

——(1985) *Totem and Taboo* in *The Origins of Religion*, *Pelican Freud Library*, vol. 13, trans. James Strachey, ed. Albert Dickson (Harmondsworth: Penguin).

Gasché, Rodolphe (1999) 'A Relation Called "Literary" ', in *Of Minimal Things: Studies on the Notion of Relation* (Stanford: Stanford University Press), 285-308.

Glendinning, Simon, ed. (2001) *Arguing with Derrida* (Oxford and Malden, MA: Blackwell).

Hobson, Marian (1998) *Jacques Derrida : Opening Lines* (London and New York: Routledge).

Kafka, Franz (1992) *The Complete Short Stories of Franz Kafka*, ed. Nahum N. Glatzer (London: Minerva).

——(1994) *The Collected Aphorisms*, trans. Malcolm Pasley, Preface by Gabriel Josipovici (Syrens: London).

Kamuf, Peggy (2002) 'Introduction: Event of Resistance', in Jacques Derrida, *Without Alibi*, ed. and trans. Peggy Kamuf (Stanford: Stanford University Press), 1-27.

Kermode, Frank (1989) 'Endings, Continued', in *Languages of the Unsayable: The Play of Negativity in Literature and Literary Theory*, eds Sanford Budick and Wolfgang Iser (New York: Columbia University Press), 71-94.

Llewelyn, John (1986) *Derrida on the Threshold of Sense* (Basingstoke: Macmillan).

McQuillan, Martin, ed. (2000) *Deconstruction: A Reader* (Edinburgh: Edinburgh University Press).

Miller, J. Hillis (1982) *Fiction and Repetition: Seven English Novels* (Oxford: Basil Blackwell).

Naas, Michael (1996) 'The Time of a Detour: Jacques Derrida and the Question of the Gift', in *Derridas*, special issue of the *Oxford Literary Review*, vol. 18, eds Timothy Clark and Nicholas Royle, 67-86.

Poe, Edgar Allan (1978a) 'Preface to Marginalia', *Collected Works of Edgar Allan Poe*, vol. 3, ed. Thomas Ollive Mabbott (Cambridge, MA: Belknap Press).

——(1978b) 'The Fall of the House of Usher', *Collected Works of Edgar Allan Poe*, vol. 2, ed. Thomas Ollive Mabbott (Cambridge, MA: Belknap Press), 397-417.

Royle, Nicholas (1995) *After Derrida* (Manchester and New York: Manchester University Press/St Martin's Press).

——(2000) 'What is Deconstruction?', in *Deconstructions: A User's Guide*, ed. Nicholas Royle (Basingstoke and New York: Palgrave), 1-13.

——(2003) *The Uncanny* (Manchester and New York: Manchester University Press/Routledge).

Rushdie, Salman (1991) *Imaginary Homelands: Essays and Criticism 1981—91* (London: Granta Books).

Schwartz, Hillel (1996) *The Culture of the Copy: Striking Likenesses, Unreasonable Facsimiles* (New York: Zone Books).

Shakespeare, William (1997) *The Norton Shakespeare: Based on the Oxford Edition*, eds Stephen Greenblatt, Walter Cohen, Jean E. Howard and Katherine Eisaman Maus (New York and London: W.W. Norton).

Shelley, Percy Bysshe (1970) *Poetical Works*, ed. Thomas Hutchinson, corrected by G.M. Matthews (London and New York: Oxford University Press).

Smith, Robert (2000) 'Deconstruction and Film', in *Deconstructions: A User's Guide*, ed. Nicholas Royle (Basingstoke and New York: Palgrave), 119-36.

Weber, Samuel (1987) 'Reading and Writing —*Chez* Derrida', in *Institution and Interpretation* (Minneapolis: University of Minnesota Press), 85-101.

Wills, David (1995) *Prosthesis* (Stanford: Stanford University Press).

Wu, Duncan, ed. (1998) *Romanticism: An Anthology*, 2nd edn (Oxford and Malden, MA: Blackwell).

# 通用索引

9.11 'September 11' 3, 67, 113, 115

阿德利治,德里克 Attridge, Derek 85, 144
阿尔都塞,路易 Althusser, Louis 150
阿尔托,安东尼 Artaud, Antonin 86
哀悼 mourning 81, 151-3
埃尔曼,莫德 Ellmann, Maud 144
埃兰,黛安 Elam, Diane 144
艾多尔,埃里克 Idle, Eric 74
奥斯汀,J.L. Austin, J.L. 22, 27-9, 31

巴巴,霍米 Bhabha, Homi 144
巴巴达奇,安德烈亚斯 Papadakis, Andreas 144
巴塔耶,乔治 Bataille, Georges 87, 88
巴特,罗兰 Barthes, Roland 7
巴特勒,朱迪思 Butler, Judith 144

柏拉图 Plato 18, 23, 26, 73, 85

鲍恩,伊丽莎白 Bowen, Elizabeth 81;《心之死》 *The Death of the Heart* 80-2, 127

贝尔萨尼,利奥 Bersani, Leo 53

本雅明,安德鲁 Benjamin, Andrew 144

本雅明,瓦尔特 Benjamin, Walter 57-8, 63

本尼特,彼得 Brunette, Peter 150

本宁顿,杰弗里 Bennington, Geoffrey 64-5, 105,144

比尔兹沃思,理查德 Beardsworth, Richard 98, 105, 144

比雅士他,格特·J.J. Biesta, Gert J.J. 144

边界 borders 14, 15, 48, 61, 64, 65, 93, 110,111

病毒,病毒学 virus, virology 24, 50

波德莱尔,查尔斯 Baudelaire, Charles 127

播撒 dissemination 14, 96, 124, 153

伯恩,埃莉诺 Byrne, Eleanor 150

勃朗特,艾米莉 Brontë, Emily 10;《呼啸山庄》 *Wuthering Heights* 38-9, 40-3, 44

不可读 unreadability 131-2

不可决算 incalculability 5, 11, 80, 93, 108, 110, 117, 118, 141

不可决定 undecidability 5-6, 14, 27, 85, 118, 121, 138

布莱尔,托尼 Blair, Tony 115

布朗肖,莫里斯 Blanchot, Maurice 64, 86, 87, 88, 89,133

布鲁姆,哈罗德 Bloom, Harold 113

布什,凯特 Bush, Kate 38

布什,乔治·W. Bush, George W. 115

布思罗伊德,戴维 Boothroyd, Dave 135

策兰,保罗 Celan, Paul 86
承诺 promise 22, 27-8, 36, 38, 44-5, 91
处女膜 hymen 14, 18, 49

大学 university 85, 108, 144;也可参见 教学 teaching
诞生 birth 3
德·贝朗杰,让 de Béranger, Jean 91
德·弗里斯,恒通 de Vries, Hent 144
德拉克洛瓦,尤金 Delacroix, Eugène 113
德勒兹,吉尔 Deleuze, Gilles 76
德曼,保罗 de Man, Paul 103-4, 150
德·索绪尔,费迪南德 de Saussure, Ferdinand 37, 76
狄更斯,查尔斯 Dickens, Charles 87
笛卡尔,勒内 Descartes, René 25, 152
电视 television 74
电影,电影研究 film, film studies 56, 149-50
动物,兽性 animals, animality 2, 33, 63, 125
毒品 drugs 133-7
独异,独异性 singular, singularity 10, 68, 82, 94, 99, 107-8, 119-26, 131-3, 146
杜特曼,亚历山大·G. Düttmann, Alexander G. 50

恩格斯,弗里德里希 Engels, Friedrich 73

法律/律法 law 4, 5, 10, 56, 63, 85, 93-101, 106, 118, 131, 144
翻译 translation 10, 57-8, 63-4
凡符,彼得 Fenves, Peter 144
菲德,艾伦·K. Feder, Ellen K. 144
费拉里斯,莫里吉奥 Ferraris, Maurizio 62
疯狂 madness 5, 6, 49, 50, 100, 118, 124, 133, 141, 142, 153
弗里斯,威廉 Fliess, Wilhelm 98
弗洛伊德,西格蒙德 Freud, Sigmund 23, 25, 73, 76, 104, 149;《超越快乐原则》 *Beyond the Pleasure Principle* 23, 104, 121;《哀悼与忧郁症》'Mourning and Melancholia' 152;《图腾与禁忌》*Totem and Taboo* 96-9
福尔斯,约翰 Fowles, John 55-6
福楼拜,居斯塔夫 Flaubert, Gustave 87
福山,弗朗西斯 Fukuyama, Francis 34
福斯特,E.M. Forster, E.M. 11, 88
附饰 parergon 15

个性文体 idiom 119-25
古伦宁,西蒙 Glendinning, Simon 150
"关键思想" 'key ideas' 13-19, 31, 47, 50, 57, 61, 76, 134
诡异 uncanniness 10, 16, 26, 51, 73, 92, 111-12, 121, 142, 147
国籍,民族主义 nationality, nationalism 3, 10, 15, 32, 110

哈代,托马斯 Hardy, Thomas 55-6, 66
海德格尔,马丁 Heidegger, Martin 25, 57, 76, 147
好客 hospitality 15, 110, 111
黑格尔,G.W.F Hegel, G.W.F. 10, 25, 73, 76, 150
后结构主义 poststructuralism 15
后殖民主义 postcolonialism 144
胡塞尔,埃德蒙德 Husserl, Edmund 10, 37, 54, 76
湖西,迈克尔 Westlake, Michael 150
华兹华斯,威廉 Wordsworth, William 103
还有 and 14, 26-7
魂在论 hauntology 50
活下去 living on 4, 6-7
霍布森,玛丽安 Hobson, Marian 92
霍兰,南希 Holland, Nancy 144

机器 machine 2, 114
基督,耶稣 Christ, Jesus 35, 37
畸怪,畸怪性 monsters, monstrosity 106-7, 109, 111-18, 144
吉列姆,特里 Gilliam, Terry 122
济慈,约翰 Keats, John 103-4, 107
寄生主义 parasitism 24, 58, 106
加谢,鲁道夫 Gasché, Rodolphe 99, 104, 144
见证/作证 testimony 100-1, 133, 140
建筑 architecture 144
将临的民主 democracy to come 32, 44-5, 110, 117, 118, 127

教学 teaching 43, 44, 51, 105, 108, 126, 144
解构(全书各处) deconstruction *passim*;定义可在这些页数找到 24, 27, 40, 55, 58-9, 65, 109, 121, 124, 136
解构主义 deconstructionism 23-4
精神分析 psychoanalysis 73, 97, 104, 138-9, 154;也可参见 弗洛伊德
《巨蟒与圣杯》 *Monty Python and the Holy Grail* 122

卡夫卡,弗朗茨 Kafka, Franz 4, 23, 26, 86;《法律门前》 *Before the Law* 93-6, 98-100, 132
卡勒,乔纳森 Culler, Jonathan 144
卡穆夫,佩吉 Kamuf, Peggy 15, 136
卡普托,约翰·D. Caputo, John D. 144
卡士卡奴,祖地 Castricano, Jodey 149
康德,伊曼努尔 Kant, Immanuel 34, 35, 99
柯勒律治,S.T Coleridge, S.T. 121;《忽必烈汗》*Kubla Khan* 55, 87,129-38, 141-2
柯瓦雷,亚历山大 Koyré, Alexandre 76
可重复性 iterability 14, 26, 67-8, 78
克尔凯郭尔,索伦 Kierkegaard, Søren 5, 9
克拉克,蒂莫西 Clark, Timothy 144
克雷尔,大卫·F. Krell, David F. 153
克里奇利,西蒙 Critchley, Simon 144
克默德,弗兰克 Kermode, Frank 72-4, 75
肯定 affirmation 16, 36, 43, 44, 151;也可参见'认同'/'是啊' yes

空间,间隔 space, spacing 14, 72, 79
库恩,丹尼斯 Egéa-Kuehne, Denise 144
库克,凯瑟琳 Cooke, Catherine 144
库切,J.M. Coetzee, J.M. 87
框架 frame 14-15, 65, 93, 95
困局 aporia 92-3, 118, 121, 133

拉高-拉巴德,菲利普 Lacoue-Labarthe, Philippe 144
拉康,雅克 Lacan, Jacques 76, 150, 151
拉普斯利,罗伯 Lapsley, Rob 150
拉什迪,萨尔曼 Rushdie, Salman 45
莱布尼茨,戈特弗里德·威廉 Leibniz, Gottfried Wilhelm 25
兰德,理查德 Rand, Richard 144
浪漫主义 Romanticism 87
雷丁,比尔 Readings, Bill 144
礼物 gift 118, 138-42
历史 history 8-9, 53, 64, 87, 104
例子 example 72, 82
列维纳斯,伊曼努尔 Levinas, Emmanuel 76
列维-斯特劳斯,克劳德 Lévi-Strauss, Claude 37
卢埃林,约翰 Llewelyn, John 123
卢梭,让-雅克 Rousseau, Jean-Jacques 18, 25, 37, 47, 50-8, 87
鲁耐尔,阿维塔尔 Ronell, Avital 135
鲁尼,卡罗琳 Rooney, Caroline 144
伦勃朗 Rembrandt 120

伦理　ethics　8, 15, 32, 144
逻各斯中心主义　logocentrism　15-16, 62

马克思,卡尔　Marx, Karl　44
马克思主义　Marxism　44, 104, 150
马拉美,斯特凡　Mallarmé, Stéphane　18, 86, 87, 88, 106
麦克奎兰,马丁　McQuillan, Martin　24, 144, 150
麦凯布,柯林　MacCabe, Colin　150
麦克马伦,肯:《鬼舞》　McMullen, Ken: *Ghostdance*　56
梅洛-庞蒂,莫里斯　Merleau-Ponty, Maurice　108
美国独立宣言　American Declaration of Independence　22, 23, 27, 85
弥赛亚主义　messianism　3, 36, 117, 127
米勒,J.希利斯　Miller, J. Hillis　40, 144
秘密,保密　secret, secrecy　45, 59, 93, 119-28, 138
民主　democracy　10, 15, 34, 86, 108, 127
名字,命名　name, naming　1, 2, 6-7, 22, 25, 40, 66, 71, 75-6, 95, 121-6, 151
莫里森,托尼　Morrison, Toni　87

纳斯,迈克尔　Naas, Michael　142
南希,让-吕克　Nancy, Jean-Luc　144
尼采,弗里德里希　Nietzsche, Friedrich　6, 9, 25, 76
女性主义　feminism　144
诺里斯,克里斯托弗　Norris, Christopher　144

蓬热,弗朗西斯　Ponge, Francis　23, 120, 123
皮撒,玛丽-弗朗索瓦丝　Plissart, Marie-Françoise　38
坡,埃德加·爱伦　Poe, Edgar Allan　77, 87;《厄舍府的崩塌》 *The Fall of the House of Usher*　90-2, 93
普洛斯基,阿尔卡季　Plotnitsky, Arkady　144

祈祷　prayer　22, 116
签名　signature　119-24
嵌套结构　mise-en-abyme　89, 92
前言　preface　9, 16-17, 57, 143
腔调/语调/基调　tone　11, 34, 37, 43, 107
乔伊斯,詹姆斯　Joyce, James　23, 86;《尤利西斯》 *Ulysses*　44, 55, 85, 147
情感自动化　auto-affection　54-5
去中心化　decentring　15-16;也可参见　中心化　centre

认同/是啊　yes　44, 111, 117, 147
日期　dates　3, 8, 79, 113
塞尔,约翰　Searle, John　147
瑟伯,詹姆斯　Thurber, James　127-8
述行性　performativity　22-3, 27-9, 42, 104, 105, 108-9, 136
莎士比亚,威廉　Shakespeare, William　10, 26, 106-7, 113, 120;《安东尼与克莉奥佩特拉》 *Antony and Cleopatra*　38, 39-40, 43;《哈姆雷特》 *Hamlet*　8, 9, 109, 151;《李尔王》 *King Lear*　113-14;《奥赛罗》 *Othello*　114;《罗密欧与朱丽叶》 *Romeo and Juliet*　23, 39-40, 122-3

上帝 God 7, 75, 100, 116, 117
射幸性 aleatoriness 11, 123-4
声音 voice 37, 38, 41, 43, 44, 55, 67;也可参见 语音/声音/演讲(speech),腔调/语调(tone)
诗性 poematic 136-8, 141, 142
施瓦茨,希勒尔 Schwartz, Hillel 149, 150
时代,时代性 epoch, epochality 8-9
时间 time 8-9, 40, 72, 79
史蒂文斯,华莱士 Stevens, Wallace 87
史密斯,罗伯特 Smith, Robert 150
士连卡,迈克尔 Sprinker, Michael 144
书写 writing 2, 8, 37-8, 49, 51-3, 63, 64-5, 78, 105, 106-9, 135
双重束缚 double bind 31, 96, 121, 122-3, 139, 141, 145
斯蒂格勒,伯纳德 Stiegler, Bernard 56, 144
斯皮瓦克,加亚特里·查克拉瓦蒂 Spivak, Gayatri Chakravorty 48, 144
斯塔罗宾斯基,让 Starobinski, Jean 52
死亡 death 2, 6-7, 8, 28, 67, 78, 81, 125-6,131, 151, 152
索莱尔,菲利普 Sollers, Philippe 86

提图斯-卡梅尔,热拉尔 Titus-Carmel, Gérard 14
同性恋 homosexuality 2
图洛,玛丽亚 Torok, Maria 152

瓦莱里,保罗 Valéry, Paul 54-5

外部势力 foreign body 28, 85
威尔斯,大卫 Wills, David 14-15, 150
威格利,马克 Wigley, Mark 144
韦伯,塞缪尔 Weber, Samuel 104
韦伯,伊丽莎白 Weber, Elisabeth 110
伪造 forgery 120
文本 text 14, 21, 49, 61-9, 78, 138
文化研究 cultural studies 144
文学(全书各处) literature *passim*;定义可在这些页数找到 45, 81, 82, 127-8, 132
文学批评 literary criticism 88, 114-15, 119
沃夫利,朱利安 Wolfreys, Julian 149
沃林,理查德 Wolin, Richard 147

西苏,埃莱娜 Cixous, Hélène 86, 144
希斯,史蒂芬 Heath, Stephen 150
现象学 phenomenology 54, 104
新国际 new international 44, 127
新来者 arrivant 110-12
新启蒙 new enlightenment 24, 32, 34-7
性别差异 sexual difference 2, 144
雪莱,珀西·比希 Shelley, Percy Bysshe 64;《问题》 *The Question* 139-42

亚伯拉罕,尼古拉斯 Abraham, Nicolas 152
延异 differance 13, 26, 71-83, 99-100, 138, 141, 142,

147, 149, 154

言语行为理论　speech act theory　21-3, 29, 144;也可参见 述行性　performativity

阳具中心主义　phallogocentrism　122

杨,罗伯特　Young, Robert　144

药　pharmakon　14, 18, 49, 73, 77, 135, 138

耶鲁学派的解构主义　Yale School of deconstruction　23

伊索普,安东尼　Easthope, Antony　149-50

移民　immigration　15

异性恋　heterosexuality　2

引用　quotation　1-2, 76, 148

游戏　play　32-4, 41-2, 121-2, 124, 137

语境　context　18, 48, 61, 65-6, 79, 109

语音/声音/演讲　speech　8, 37-8, 51-3, 64

语音中心主义　phonocentrism　37

元语言　metalanguage　58-9, 89

约翰逊,芭芭拉　Johnson, Barbara　54

约翰逊,克里斯托弗　Johnson, Christopher　144

增补　supplement　14, 16-17, 18, 26, 47-59, 61, 75, 95, 96-7, 106, 138, 145, 146, 149

战争　war　22, 115, 116, 118, 153-4

政治　politics　8, 10, 21, 24, 32, 34, 63, 64, 104-5, 126-7, 153

中心,中心化　centre, centring　15-17, 41-2

正义　justice　44, 100, 106, 110, 115-18

自传　autobiography　120, 126
自反性　reflexivity　88-9, 91-2, 95
自恋　narcissism　16, 54, 122, 138-9
自慰　masturbation　51, 53-6
宗教　religion　2-3, 8, 10, 32, 35-6, 75, 115-18, 126-7
踪迹　trace　14, 26, 49, 64-5, 67, 68, 83, 149
作者　author　7, 18, 25, 94, 127-8, 132
作者已死　death of the author　7
作者意图　authorial intention　18, 41-2, 56-7, 97

# 德里达作品索引

《*Ja*,或食言 Ⅱ》 '*Ja*, or the *faux-bond* Ⅱ' 55, 108-9

《哀悼的工作》 *The Work of Mourning* 152

《"不可呈现者,接近虚无"》 '"The Almost Nothing of the Unpresentable"' 63, 114, 136

《"不止一种自恋"(各种自传)》 '"There Is No *One* Narcissism"(Autobiophotographies)' 119-20

《巴别塔的场景》 'Des Tours de Babel' 58

《柏拉图的药房》 'Plato's Pharmacy' 18, 65, 73, 74, 77, 135

《被称为文学的奇怪建制》 'This Strange Institution Called Literature' 3, 10, 26, 29, 32, 45, 81, 85, 87-8, 119, 120, 135

《边界线》 'Border Lines' 92, 106

《除了名字》 ‘Sauf le nom’ 142
《刺猬 2:我一直在这里》 ‘*Istrice 2*: *Ick bünn all hier*’ 152

《但,除此以外……》 ‘But Beyond...’ 65
《档案热》 *Archive Fever* 97
《电视的超声波学》 *Echographies of Television* 56, 74
《毒品的修辞学》 ‘The Rhetoric of Drugs’ 77, 106, 134-6
《独立宣言》 ‘Declarations of Independence’ 27, 85

《法律门前》 ‘Before the Law’ 94-100, 131, 132
《法律之力》 ‘Force of Law’ 92, 100, 106, 117-18, 153
《弗洛伊德和写作场景》 ‘Freud and the Scene of Writing’ 2, 50, 78, 79-80, 83, 97

《割礼忏悔录》 ‘Circumfession’ 50, 120, 126, 131
《格言 逆时间》 ‘Aphorism Countertime’ 2, 3, 39-40, 122-3
《给乔伊斯的两个字》 ‘Two Words for Joyce’ 153
《共时语言》 ‘Dialanguages’ 26, 38, 43-4, 59, 75, 114, 151, 152-3

《海德格尔,哲学家的地狱》 ‘Heidegger, the Philosophers’ Hell’ 3
《何谓诗歌?》 ‘Che cos’è la poesia?’ 124, 136-8, 142
《后记:迈向一种讨论的伦理》 ‘Afterword: Toward an Ethic of Discussion’ 5, 24, 32, 63, 65, 68, 120, 154
《后记》 ‘Afterw.rds’ 55, 110, 145

《回忆录:致保罗·德曼》 *Mémoires: for Paul de Man* 18, 27, 28, 36, 85, 91, 152, 154

《绘画中的真理》 *The Truth in Painting* 14-15, 17

《活下去》 'Living On' 1, 7, 17, 29, 33, 61, 64-5, 66, 106, 131

《激情:"间接的献礼"》 'Passions: "An Oblique Offering"' 45, 86, 93, 125-6, 127, 132

《解构现实》 'The Deconstruction of Actuality' 3, 32, 42, 44, 80

《解构与他者》 'Deconstruction and the Other' 33, 62

《解构在美国》 'Deconstruction in America' 40, 65

《精神分析寻找灵魂的状态》 'Psychoanalysis Searches the States of Its Soul' 154

《就好像还有可能》 '*As If* It Were Possible' 147

《就好像我已然死去》 '*As If* I Were Dead' 2

《居所》 *Demeure* 82, 86, 100-1, 133

《困局》 *Aporias* 15, 81, 92-3, 111-12, 125, 153

《类型的法则》 'The Law of Genre' 89, 100

《理性的原则》 'The Principle of Reason' 100

《力与义》 'Force and Signification' 25, 32-3, 62, 108, 113

《另一个标题》 *The Other Heading* 32, 34, 44, 153

《论好客》 *Of Hospitality* 117

《论文时间:标点》 'The Time of a Thesis' 10, 23, 49, 68, 134

《论文字学》 *Of Grammatology* 8, 9, 18, 25, 33, 37-8, 47-59, 62, 64, 71, 73, 75, 83, 87, 105, 109, 144, 148, 149

《马刺》 *Spurs* 68, 123
《马克思的幽灵》 *Specters of Marx* 16, 32, 34, 36-7, 44, 50, 72, 104-5, 111, 115-18, 126, 127, 142
《末世的腔调》 'Of an Apocalyptic Tone' 35, 37, 42-4, 45
《莫彻雷斯》 'Mochlos' 85

《启封("旧的新语言")》'Unsealing ("The Old New Language")' 44, 124, 146, 152
《签名蓬热》 *Signsponge* 7, 120, 122, 123
《签名事件语境》 'Signature Event Context' 22, 27, 28, 67-9, 78
《前言》 'Fors' 28, 35-6, 152

《人文科学论述中的结构、符号与游戏》 'Structure, Sign and Play' 16, 33, 112
《如何避免谈话》 'How to Avoid Speaking' 79, 116

《丧钟》 *Glas* 121-2, 124, 142, 151
《送出》 'Envois' 29, 121-2, 123, 124
《审查的权利》 *Right of Inspection* 38
《生物分解》 'Biodegradables' 66, 131, 132
《声音与现象》 *Speech and Phenomena* 8, 54, 71, 74-5
《声音Ⅱ》 'Voice Ⅱ' 2, 36

《省略号》 'Ellipsis' 16, 48
《什么什么》 'Qual Quelle' 54-5
《书写与差异》 *Writing and Difference* 8
《双学时》 'The Double Session' 18
《死亡的礼物》 *The Gift of Death* 116, 126, 127
《琐事的考古学》 *The Archeology of the Frivolous* 146

《他者之耳》 *The Ear of the Other* 6, 11, 33, 58, 64, 73, 97, 105, 108, 122, 123-4
《他者的单语主义》 *Monolingualism of the Other* 3, 34, 36, 59, 100, 146, 153
《通道——从创伤主义到承诺》 'Passages—from Traumatism to Promise' 3, 110, 113
《推测——有关"弗洛伊德"》 'To Speculate—on "Freud"' 92, 97, 120, 126

《外缘工作》 'Outwork' 9, 35, 96, 149, 153
《位置》 *Positions* 10, 14, 25, 73, 75, 76, 83, 88, 121, 153-4
《我的机会》 'My Chances' 11
《我对秘密情有独钟》 'I Have a Taste for the Secret' 7, 9, 25-6, 32, 34, 35, 59, 62-3, 99, 104, 105, 106, 108, 109, 120, 126, 127, 131, 146, 154
《我所是的动物》 'The Animal That Therefore I Am' 2, 79
《无条件的大学》 'The University Without Condition' 108
《舞蹈编排》 'Choreographies' 2

《心灵:他者的塑造》 ‘Psyche: Inventions of the Other’ 33, 41, 59, 117, 154
《心灵感应》 ‘Telepathy’ 75, 115
《信仰与知识》 ‘Faith and Knowledge’ 34, 35, 86, 126

《延异》 ‘Differance’ 38, 66, 71-6, 79-80, 83, 116, 147
《谚语》 ‘Proverb’ 34
《一种“疯狂”觊觎着思考》 ‘A “Madness” Must Watch Over Thinking’ 3, 6, 107
《尤利西斯留声机》 ‘Ulysses Gramophone’ 44, 55, 147
《友谊的政治》 *Politics of Friendship* 104-5, 117, 126, 147
《有关造字主义、新主义、后主义、寄生主义及其他小小震波主义的一些陈述和老生常谈》 ‘Some Statements and Truisms’ 2, 26, 58-9, 76, 89, 104, 112, 113-15, 148
《有限公司》 ‘Limited Inc ’ 28, 66, 68, 76-9, 121, 147

《这不是口头上的注释》 ‘This is Not an Oral Footnote’ 31
《这时代全盘错乱》 ‘The Time is Out of Joint’ 151
《知识分子的工作与传媒》 ‘The Work of Intellectuals and the Press’ 147-8
《诸如此类……》 ‘Et Cetera...’ 14, 26
《赠予时间》 *Given Time* 82, 127-8, 132, 138-9, 141
《自己的蚕虫》 ‘A Silkworm of One’s Own’ 126

# 雅克·德里达思想源流简图[1]

严子杰　绘

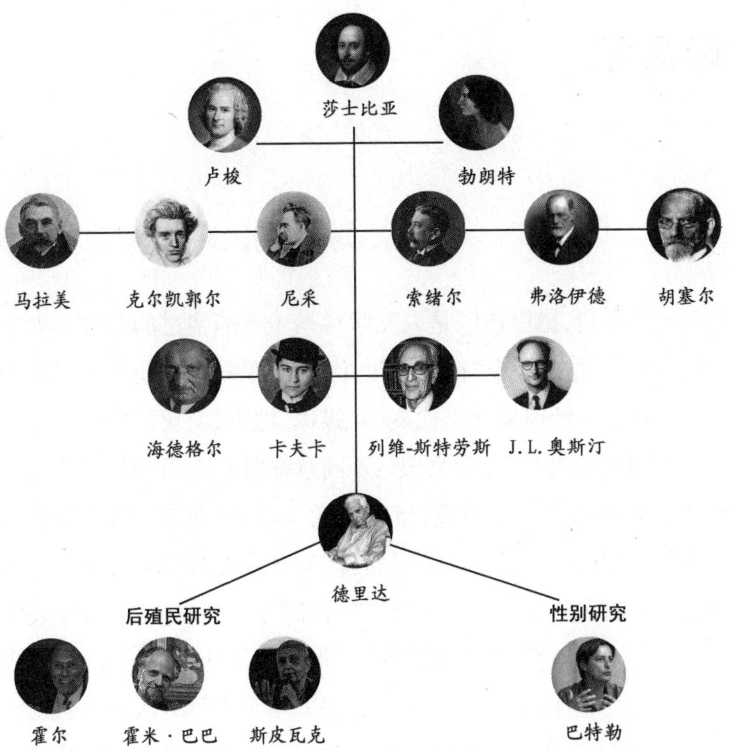


1　本图上方主要根据本书内容绘制而成,不限于哲学,同时强调了德里达的西方文学源流;本图亦非德里达思想谱系的全貌。另外,德里达对当代学者,特别是后殖民及性别研究影响甚巨,故又于下方列明供读者参考。——绘者注

# 译后记

时至今日，德里达已是人文学科学生不能绕过的名字。如本书作者所言，这已是个“德里达”时代，甚至解构主义也成为了某些学术领域——特别是现当代文学、媒体、性别、文化研究等——的“理论支柱”或者是“专业常识”：不同意解构主义，几乎就等于反对这些学科背后的研究前设，当中包括种种对“亚文化”、“弱势声音”、“被遗忘的角落”、“失语的群体”的发掘或探索，对种种“大××主义”的批评，对主流社会价值的“反思”等。对解构最简单（或者是最流行——也就可能是最粗暴和简化，却又是最常见）的解释或实践就是：反对任何二元对立所造成的“不平等”和“压迫”，强调所有二元对立都是“不存在的”、“虚构的”、“有漏洞的”、“狭隘的”，是限制我们思考的阻碍，令我们了解不到“事情的复杂性”，也可能造成“歧视”和“以偏盖全”——这可能是书中提到“去中心化”、“移动边界”在日常层面最为显眼的一种实践了，而这些修辞在东西方国家（这又是一个需要解构的二元对立？）也时有所闻，特别是当涉及因全球化所造成的文化、种族冲突，以上类近或疑似“解构”的话语就成为了各种“弱势”、“少众”、“众声喧哗”的论述资源。

当然，以上都并非博古通今的德里达的原话；原文也不会这样容易消化、容易挪用。但经过无数不同学科的“借用”和发扬光大，德里达的“原话”是什么(讽刺地)则未必是这个“德里达时代”所关注的。更有趣的是，按德里达对“延异”的理解，根本就没有“扭曲”德里达的可能，有的只是“另一种解读”罢了，因为本来就没有绝对的“在场”嘛。这种模棱两可、似是而非、莫衷一是的争论，在当代社会，特别是在人人都可以发表意见的网络媒体，俨然是一种“主流”的存在：真相的多重版本、事实的不断延搁、文字游戏的光怪陆离……

翻译此书后，我想，这本导读或能修正种种对解构或“去中心化”的误解。譬如说，在非西方社会(如华人学术群体)里，一般而言，德里达的理论用者都是脱离西方语境的，他们经常套用德里达的“术语”来解读华语文学和电影。这本书透过德里达与文学的关系，清楚地告诉读者，德里达有兴趣阅读和书写的，看来都不是反传统或“他者”的东西，诸如莎士比亚、卡夫卡、雪莱等的作品都是西方正典。而且德里达一直用法文写作，书中不少“文字游戏”也是以法语、英语、希腊语等拉丁语系文字为本的，并不见得是种完全的“去中心化”(那什么才是“去中心化”呢?)

如是观之，德里达所实践的并不只是颠覆传统，也不完全是某些后现代主义者说的“anything goes”(“什么都可以”)，而是在西方基督一神教的文史哲传统内作出颠覆(德里达不就经常引用圣经故事来说理吗?)，而并非以“反抗”之名把当中的传统文化摧毁殆尽。他更表示想成为法语“最后的继承人、捍卫者和绘图师”，并“乐于看见，解放的同时可以保留各种压迫的记忆，[希望自己]的一言一行都展示着这种对学术遗产和传统的恭敬，和不恭不敬”。这种“左右逢源”、“以我为主”的“去中心化”的哲学策略，其中“保守”的面向，是否被中国或华人语境里的“德里达用家”忽而略之呢? 西方哲人用来“反思西方传统”的理论，又如何或是否完全适用作“西为中用”呢？这是非常值得深思的。

在翻译本书的过程中遇到不少困难，作者想必深知德里达文风之奥妙诡奇，行文间有不少文字游戏，又偏爱用括号、破折号、冒号等作各种“增补”，再经本人拙译，想必会造成一定程度的阅读障碍，间或会有跑题、散漫、游离之感。另一困难，就是书中用了大量文学作品节录；幸好，就文学作品来说，当中不少已有现成的中译本，有些更是名家妙笔或流通传世的版本，本人当然不敢妄撞僭越，再译也不见得会青出于蓝，便将其照录如仪，在此必需对这些翻译家或文学家致敬，有些没有中译本的作品则由本人亲自操刀，谬误难免，望读者不吝赐教指正。

最后我要感谢重庆大学出版社的编辑邹荣先生。他一直以来对文字、文学、翻译的热情及认真，令人感动。没有他的坚持和支持，我想我的这本译作也不可能面世。

最后希望这个译本对读者有或多或少的启发。

严子杰

二〇一五年八月三十一日于香港

**图书在版编目(CIP)数据**

导读德里达/(英)罗伊尔(Royle, N.)著;严子杰译.—重庆:重庆大学出版社,2015.10(2021.12 重印)

(思想家和思想导读丛书)

书名原文:Jacques Derrida

ISBN 978-7-5624-9494-2

Ⅰ.①导… Ⅱ.①罗…②严… Ⅲ.①德里达,J.(1930~2004)—思想评论 Ⅳ.①B565.59

中国版本图书馆 CIP 数据核字(2015)第 238313 号

**导读德里达**

尼古拉斯·罗伊尔 著

严子杰 译

策划编辑:邹 荣 林佳木 雷少波

责任编辑:邹 荣 版式设计:邹 荣

责任校对:贾 梅 责任印制:张 策

*

重庆大学出版社出版发行

出版人:饶帮华

社址:重庆市沙坪坝区大学城西路 21 号

邮编:401331

电话:(023)88617190 88617185(中小学)

传真:(023)88617186 88617166

网址:http://www.cqup.com.cn

邮箱:fxk@cqup.com.cn(营销中心)

全国新华书店经销

重庆市正前方彩色印刷有限公司印刷

*

开本:890mm×1168mm 1/32 印张:8.625 字数:201 千 插页:32 开 2 页

2015 年 10 月第 1 版 2021 年 12 月第 4 次印刷

ISBN 978-7-5624-9494-2 定价:35.00 元

---

本书如有印刷、装订等质量问题,本社负责调换

**版权所有,请勿擅自翻印和用本书**

**制作各类出版物及配套用书,违者必究**

Jacques Derrida, by Nicholas Royle, ISBN: 978-0-415-22931-9

Copyright© 2003 by Routledge.
All Rights Reserved. Authorised translation from the English language edition published by Routledge, a member of the Taylor & Francis Group.
本书原版由 Taylor & Francis 出版集团旗下 Routledge 出版公司出版,并经其授权翻译出版。版权所有,侵权必究。

Chongqing University Press is authorized to publish and distribute exclusively the Chinese (Simplified Characters) language edition. This edition is authorized for sale throughout Mainland of China. No part of the publication may be reproduced or distributed by any means, or stored in a database or retrieval system, without the prior written permission of the publisher.
本书中文简体翻译版授权由重庆大学出版社独家出版并仅限在中国大陆地区销售。未经出版者书面许可,不得以任何方式复制或发行本书的任何部分。

**版贸核渝字(2013)第 321 号**

Copies of this book sold without a Taylor & Francis sticker on the cover are unauthorized and illegal.
本书封面贴有 Taylor & Francis 公司防伪标签,无标签者不得销售。

**封面设计:史英男 刘 骥**

荒島書店